DÉBORA BRUM

COMUNICAÇÃO ASSERTIVA

Aprenda a arte de falar e influenciar

Copyright© 2021 by Literare Books International
Todos os direitos desta edição são reservados à Literare Books International.

Presidente do conselho:
Mauricio Sita

Presidente:
Alessandra Ksenhuck

Vice-presidentes:
Claudia Pires e Julyana Rosa

Diretora de projetos:
Gleide Santos

Capa:
La Luna Design Editorial

Diagramação e projeto gráfico:
Gabriel Uchima

Revisão:
Ivani Rezende

Impressão:
Printi'

Dados Internacionais de Catalogação na Publicação (CIP)
(eDOC BRASIL, Belo Horizonte/MG)

B893c   Brum, Débora.
    Comunicação assertiva / Débora Brum. – São Paulo, SP: Literare Books International, 2021.
    192 p. : 14 x 21 cm

    Inclui bibliografia
    ISBN 978-65-5922-171-4

    1. Assertividade (Psicologia). 2. Comunicação interpessoal.
I.Título.
                                                         CDD 158.2

Elaborado por Maurício Amormino Júnior – CRB6/2422

Literare Books International Ltda.
Alameda dos Guatás, 102 – Saúde– São Paulo, SP.
CEP 04053-040
Fone: (0**11) 2659-0968
site: www.literarebooks.com.br
e-mail: contato@literarebooks.com.br

DEDICATÓRIA

Dedico este livro aos meus pais Maria Cristina e Clóvis, pelo amor incondicional que sempre me deram, cada um do seu jeito e com a sua linguagem de amor; e às minhas filhas Sofia e Martina, por serem meu maior incentivo para eu me tornar uma pessoa e mãe cada dia melhor.

AGRADECIMENTOS

Agradeço ao meu marido Gleverton, pelo incentivo e apoio, lendo cada página, olhando cada palavra, trazendo novas ideias e *insigths* e me fazendo refletir sobre a nossa comunicação.

Gratidão à Harry Focking, Jorge Araújo, José Carlos De Munno, Marina Campos e Renata Moura da Cunha, por terem dedicado seu precioso tempo para a leitura prévia deste livro e por todos os valiosos *feedbacks* que recebi de vocês. Recebam o meu carinho e a minha admiração.

Acima de tudo, agradeço a Deus pela vida e por me colocar nesse lindo caminho da Comunicação Humana, e trago aqui uma oração que me guia nesta jornada:

Oração de São Francisco:

Senhor,
Fazei de mim um instrumento de vossa Paz.
Onde houver Ódio, que eu leve o Amor,
Onde houver Ofensa, que eu leve o Perdão.

Onde houver Discórdia, que eu leve a União.
Onde houver Dúvida, que eu leve a Fé.
Onde houver Erro, que eu leve a Verdade.
Onde houver Desespero, que eu leve a Esperança.
Onde houver Tristeza, que eu leve a Alegria.
Onde houver Trevas, que eu leve a Luz!
Ó Mestre,
fazei que eu procure mais:
consolar, que ser consolado;
compreender, que ser compreendido;
amar, que ser amado.
Pois é dando, que se recebe.
Perdoando, que se é perdoado e
é morrendo, que se vive para a vida eterna!

Amém

SUMÁRIO

INTRODUÇÃO 9

CAPÍTULO 1
SEU MAIOR DIFERENCIAL 17

CAPÍTULO 2
O IMPACTO DA FORMA
DE FALAR NO SEU DIA A DIA 25

CAPÍTULO 3
PROBLEMAS DE COMUNICAÇÃO:
UMA PEDRA NO SAPATO DA
MAIORIA DAS EMPRESAS 31

CAPÍTULO 4
AS DIFERENTES FERRAMENTAS DE
COMUNICAÇÃO E SEUS IMPACTOS 37

CAPÍTULO 5
ESTILOS DE COMUNICAÇÃO 43

CAPÍTULO 6
O QUE PREJUDICA
A SUA COMUNICAÇÃO 59

CAPÍTULO 7
PREMISSAS PARA DESENVOLVER
A COMUNICAÇÃO ASSERTIVA 65

CAPÍTULO 8
EMPATIA 77

CAPÍTULO 9
ESCUTA ATIVA 89

CAPÍTULO 10
S.E.R. = A FÓRMULA DA EFICIÊNCIA
E EFICÁCIA NA COMUNICAÇÃO 99

CAPÍTULO 11
A ESCOLHA DAS PALAVRAS E
O USO DA LINGUAGEM POSITIVA 113

CAPÍTULO 12
ARGUMENTAÇÃO 129

CAPÍTULO 13
APERFEIÇOE A SUA ORATÓRIA 139

CAPÍTULO 14
DICAS PARA FALAR BEM EM PÚBLICO 169

CAPÍTULO 15
A COMUNICAÇÃO A DISTÂNCIA:
TELECONFERÊNCIAS, VIDEOCONFERÊNCIAS,
WEBINÁRIOS E LIVES 177

CONSIDERAÇÕES FINAIS 183

REFERÊNCIAS BIBLIOGRÁFICAS 187

INTRODUÇÃO

INTRODUÇÃO

Olá!

Eu me considero uma pessoa abençoada. Segundo uma pesquisa realizada em 2019 pela Sodexo Benefícios e Incentivos, apenas 53,8% dos brasileiros trabalham em consonância com o seu propósito, e eu, graças a Deus e às escolhas que fiz ao longo da minha vida, faço parte desse seleto grupo. Algumas pessoas descobrem sua vocação desde pequenas, mas este não foi o meu caso.

Lembro-me perfeitamente das dúvidas e angústias que senti quando tive que decidir minha profissão ao me inscrever para o vestibular. Durante o último ano do ensino médio, eu passei pelo grande dilema que a maioria dos adolescentes passa: qual profissão escolher?

Eu sempre fui muito reservada, muito introvertida, tinha muita dificuldade em falar de mim, de me abrir com as pessoas, falar dos meus sentimentos, tanto com a minha família quanto com os meus amigos. Eu tinha a falsa crença de que as pessoas fortes não falavam dos seus problemas nem das suas emoções, guardavam tudo para si.

A comunicação e o diálogo, para mim, não eram algo natural nem fácil; pelo contrário, eram uma grande dificuldade. Por isso eu acreditava que tinha que escolher uma profissão que não precisasse falar tanto com as pessoas, atender o público, nada que demandasse uma comunicação interpessoal. Daí surgiu a primeira ideia: vou prestar vestibular para informática. Ideia perfeita, pois na minha imaginação (completamente equivocada, diga-se de passagem), eu trabalharia apenas com um computador, e não com pessoas. Minha crença era de que eu não tinha habilidade para me comunicar bem com as pessoas. E eu não era "bicho do mato", pois tinha várias amigas, interagia, socializava. Também não era uma questão de timidez, pois nunca me percebi tímida. Era uma barreira interna diferente.

Nessa época do cursinho pré-vestibular, ouvi várias sugestões, uma delas era a de prestar vestibular para Fonoaudiologia. Fui para a *internet* pesquisar sobre essa profissão que, até então, eu nunca tinha cogitado nem tinha tido contato. Descobri que fonoaudiólogos trabalhavam bastante com crianças e, como eu gostava muito de crianças, a ideia me atraiu. No momento da inscrição para o vestibular, no auge da minha indecisão, me inscrevi para os dois cursos: Informática e Fonoaudiologia. Passei nos dois! O próximo dilema foi decidir qual cursar primeiro. Acabei optando pela Fonoaudiologia, e hoje tenho a certeza de que fiz a escolha certa. Acredito em Deus e penso que na nossa vida nada acontece por acaso, que todos nós temos uma missão maior e que, por meio do nosso trabalho, podemos seguir nosso propósito e ajudar as pessoas.

Após me formar, abri meu consultório e comecei a atender crianças com problemas de fala e adultos com problemas de voz. Aliás, voz era a área que eu mais gostava de estudar na faculdade. Como estava recém-formada, não tinha muitos pacientes no consultório, precisava correr atrás, divulgar meu trabalho.

Um dia, conversando com um amigo que era empresário, ele comentou que estava organizando a SIPAT (Semana Interna de Prevenção de Acidentes do Trabalho), e dei a ideia de ministrar uma palestra sobre *Higiene Vocal - mitos e verdades sobre os cuidados com a voz*. Ele aceitou e eu fiquei animada, pois gostava muito desse tema e essa poderia ser uma ótima oportunidade para divulgar o meu trabalho.

Preparei os *slides*, dominava o assunto e lá fui eu, com certo frio na barriga, mas superempolgada para ministrar minha primeira palestra. Lembro como se fosse hoje, a palestra foi um desastre! Enquanto eu falava, percebia que as pessoas não estavam interessadas, muitas ficavam dispersas, conversando, outras estavam quase dormindo, e eu não sabia o que fazer para despertar o interesse da plateia. Até o meu amigo, dono da empresa, que estava lá para me prestigiar, estava piscando lentamente os olhos, quase cochilando. E eu não conseguia entender como as pessoas não estavam gostando de um conteúdo tão interessante.

Saí frustrada, chateada, mas também intrigada. Como alguns palestrantes conseguiam atrair e manter a atenção do público e outros não? O que eu fiz de errado? O que eu poderia fazer diferente para as pessoas prestarem mais atenção e gostarem da minha palestra?

Casualmente, um mês depois desse episódio, minha mãe, que tinha um programa na rádio e é uma excelente comunicadora, me convidou para participar com ela de um curso de oratória. E lá fomos nós. E foi nesse curso que tudo começou a fazer sentido. As fichas caíram! Percebi o que eu tinha feito de errado na minha palestra: usei vícios de linguagem (eu falava vários "nés" sem notar, mas a plateia certamente percebia), apresentei o assunto como se fosse um monólogo, sem interagir com o público. Falei numa linguagem técnica, sem ter o cuidado de usar palavras acessíveis e de me fazer entender para um público leigo no assunto. Além disso, deixei a sala bem escura, não caminhei, fiquei no mesmo lugar o tempo inteiro, ao lado do computador para passar os *slides*, falando com uma voz monótona, sem dar muita entonação e ênfase. Ou seja, a receita perfeita para a plateia dormir. É claro que, com tudo isso, a palestra se tornou chata e cansativa. Mas como diz o ditado, "é errando que se aprende".

No curso de oratória, descobri meus pontos fortes e fracos, e aprendi muitas técnicas para aprimorar a minha comunicação. E tudo isso despertou em mim uma imensa vontade de fazer diferente e colocar em prática tudo o que eu tinha aprendido.

Dois meses depois, surgiu um convite para ministrar uma palestra para um grupo de professores, durante a Semana Nacional da Voz e, por ironia do destino, o assunto era o mesmo. Empolgada com o novo desafio, me preparei, treinei e foi um sucesso. As pessoas participaram, fizeram várias perguntas, e eu pude sentir o prazer dessa interação com o público. Ouvi comentários como "esse tema é muito importante para todos os professores", "essa aula tinha que ser matéria obrigatória nos cursos de Pedagogia", que sensação maravilhosa! E foi nesse momento que aquela minha crença, aquele "bloqueio" que eu tinha sobre a minha habilidade de comunicação, terminou. Isso tudo me fez perceber que se comunicar bem é uma simples questão de treino. Basta conhecer as técnicas e estratégias e treinar para ter uma comunicação mais eficaz. Não é dom, é preparação e prática!

Após essa experiência, eu me senti mais segura e percebi que a Comunicação Assertiva nos empodera, com ela conseguimos transmitir credibilidade e confiança, geramos mais conexão com as pessoas e melhores resultados.

Um tempo depois, fiz uma Especialização em Voz no Centro de Estudos da Voz, em São Paulo, e um mundo novo se abriu para mim, o da Fonoaudiologia Empresarial - uma área nova e ainda pouco explorada naquela época. Achei incrível poder treinar operadores de *telemarketing* para falar com mais naturalidade, com uma voz agradável, menos "robotizada", com isso obterem melhores resultados e gerarem mais negócios.

Tive aula com fonoaudiólogas que trabalhavam na bolsa de valores, na TV, na rádio, buscando sempre aprimorar a "voz profissional" das pessoas que trabalham com comunicação e precisam ter boa *performance* ao falar. Achei o máximo, um trabalho lindo, encantador. Naquele momento da minha vida, decidi que me dedicaria a esta área ministrando treinamentos nas empresas.

Meu primeiro cliente foi uma importante empresa estatal de energia elétrica. O *call center* estava passando por uma grande reestruturação e queria treinar toda a sua equipe para atender melhor os clientes. Esse foi meu primeiro desafio, treinei oito turmas, aproximadamente cem pessoas. A empresa e os gestores deram excelentes *feedbacks* sobre o resultado dos treinamentos e eu me apaixonei por esse trabalho. Descobri que meu propósito é ajudar as pessoas a se comunicarem melhor no ambiente profissional, se expressarem bem, com clareza e objetividade, sentindo e demonstrando mais segurança e credibilidade, para terem melhores resultados e sucesso no seu trabalho e na vida pessoal.

E é por isso que estou aqui hoje, escrevendo este livro para você. Para ajudá-lo a melhorar a sua comunicação, para compartilhar com você técnicas, estratégias, histórias aprendidas e informações compartilhadas com milhares de alunos nessa jornada até aqui. Tudo isso ajudará você a transformar a sua comunicação numa ferramenta eficaz de conexão, diálogo, argumentação, troca e interação humana. E o resultado disso será mais liberdade de expressão, transparência, confiança, segurança, melhores relacionamentos interpessoais e mais sucesso na sua carreira e na sua vida.

Ao conhecer os fundamentos da COMUNICAÇÃO ASSERTIVA, você descobrirá que é possível se sentir confiante para se posicionar nas reuniões ou discussões, nas desafiadoras apresentações, em negociações, nos *feedbacks* que ainda são tão desconfortáveis para a maioria das pessoas e em tantas outras situações profissionais.

Usando uma comunicação assertiva, conseguirá atingir os seus objetivos, evoluir na sua carreira, motivar e engajar a sua equipe, melhorar o relacionamento com colegas e clientes, ter reconhecimento na área que atua, conquistar o respeito e a admiração de seus pares, equipe, parceiros de negócios, enfim, aumentará o seu potencial de crescimento.

Ao ler este livro, descobrirá em qual ponto está no seu processo evolutivo e aonde poderá chegar para alcançar a eficácia na comunicação, trilhando caminhos testados e comprovados.

Neste livro apresentarei as ferramentas, técnicas e estratégias da comunicação assertiva para você desenvolver essa habilidade tão importante e obter os resultados que busca; ao contrário do que muitos pensam, a comunicação não é um dom, é uma habilidade que pode ser desenvolvida, aprimorada, aperfeiçoada.

Convido você a entrar nesta jornada comigo e viver uma verdadeira transformação pessoal para alcançar eficácia na sua comunicação, nos seus relacionamentos e na sua qualidade de vida.

CAPÍTULO 1
SEU MAIOR DIFERENCIAL

1
SEU MAIOR DIFERENCIAL

Os nossos resultados são proporcionais à capacidade de nos comunicarmos conosco e com os outros.
TONY ROBBINS

No mundo conectado em que vivemos, a comunicação deixou de ser apenas uma necessidade corriqueira e passou a ser um diferencial competitivo. Habilidades como argumentação, negociação, administração de conflitos, diálogo, *feedback*, apresentação e defesa de ideias, venda de um produto ou serviço, falar em público, capacidade de convencimento ou persuasão passam a ser essenciais para quem busca sucesso profissional.

O ambiente das organizações exige que os profissionais falem de forma clara, precisa e adequada, saibam ouvir, incentivar, persuadir, liderar, convencer, orientar e resolver problemas por meio da comunicação.

A comunicação assertiva é o grande diferencial dos profissionais do século XXI; a principal habilidade em várias situações: em reuniões, apresentações de projetos ou produtos, no atendimento ao cliente, negociações, teleconferências, *feedbacks, pitch* de vendas, treinamentos, palestras, entre outras. Para que haja mais resultados positivos nessas situações, não basta o profissional ter conhecimento técnico, experiência e uma sólida formação na sua área. Ele tem que ser um excelente comunicador. Pois como diz o ditado popular: "não basta SER bom, tem que PARECER bom!".

Carmine Gallo, em seu livro *TED, falar, convencer, emocionar – Como se apresentar para grandes plateias,* fala que "as ideias são a moeda do século XXI", porém não basta ter ótimas ideias se não souber comunicá-las.

É, principalmente, por meio da fala que exercemos influência sobre os ouvintes, que nossas ideias são ouvidas e valorizadas. A cada contato realizado, a cada interação com um cliente, com um colaborador e até mesmo com um concorrente, projetamos a nossa imagem pessoal e profissional, sem nos darmos conta se o que estamos transmitindo é aquilo que realmente queremos, ou se a nossa mensagem está sendo perfeitamente entendida. Independentemente do tamanho do público, seja grande (conferência), médio (reunião) ou pequeno (conversa com um cliente, colega ou com um familiar), a mensagem precisa chegar de maneira clara e convincente ao ouvinte, sem ruídos ou distorções. Vale lembrar a frase do Alejandro Jodorowsky Prullansky, psicólogo, ator, escritor chileno: "Entre o que eu penso, o que quero dizer, o que digo e o que você ouve, o que você quer ouvir e o que você acha que entendeu, há um abismo".

Quando aprendemos a nos comunicar melhor, geramos resultados e comportamentos mais adequados, em nós mesmos e em quem nos ouve. Portanto podemos melhorar nossa vida e os nossos relacionamentos simplesmente melhorando a nossa comunicação.

E o que significa "falar bem"? É a capacidade de transmitir ideias e informações de maneira clara, objetiva e convincente, valorizando o conteúdo transmitido, mantendo o interesse e a atenção dos ouvintes e envolvendo as pessoas no assunto. É respeitar e demonstrar atenção pela opinião do outro, ouvir com real interesse e empatia, compreendendo a necessidade do interlocutor e criando um clima favorável ao diálogo e à troca de ideias.

Hoje, mais do que nunca, a comunicação assertiva deve fazer parte da estratégia de negócios das empresas e do plano de desenvolvimento individual dos profissionais de sucesso. O mercado, em seus mais diversos segmentos, está buscando e valorizando cada vez mais os profissionais que dominam a arte de comunicar-se claramente e de modo eficaz.

Um levantamento global do LinkedIn, publicado em abril de 2020, mostrou que a habilidade comportamental (*soft skill*) mais citada e valorizada por empregadores durante a pandemia do ano de 2020 foi a comunicação. A lista inclui ainda a capacidade de liderança, de aprendizado *on-line* e de resolução de problemas, dentre outras. O estudo analisou as exigências de cerca de 12 milhões de vagas disponíveis.

As habilidades mais valorizadas[*]:

1. Comunicação;

2. Gestão de negócios;

3. Resolução de problemas;

4. Ciência de dados;

5. Gestão de tecnologias de armazenamento de dados;

6. Suporte técnico;

7. Liderança;

---

* Fonte: LinkedIn.

8. Gerenciamento de projetos;
9. Aprendizado *on-line;*
10. Aprendizagem e desenvolvimento de funcionários.

A Revelo, uma empresa de tecnologia especializada na área de recursos humanos, com sede na América Latina e que tem em sua base 16 mil empresas e 1,5 milhão de candidatos cadastrados, realizou um estudo fazendo o cruzamento entre os perfis que as companhias precisavam contratar e quais eram as habilidades dos candidatos, identificando as habilidades mais buscadas e aquelas que faltavam no mercado.

O resultado mostrou que as cinco *soft skills* mais procuradas pelas empresas no ano de 2020 foram: comunicação, aprendizagem contínua, autogerenciamento, capacidade de resolução de problemas e relacionamento interpessoal. "Hoje, o mercado de trabalho exige profissionais com qualificação técnica (*hard skills*). Porém existem outras competências não tão fáceis de serem mensuradas e explicadas em entrevistas, mas que são igualmente importantes. Elas afetam diretamente os relacionamentos no ambiente corporativo e, consequentemente, a produtividade da equipe. Por exemplo, a forma como um profissional lida com as suas emoções, como resolve problemas e seu jeito de se comunicar com o colega de empresa. Passar mensagens com clareza é indispensável para a equipe e para a liderança. Afinal as consequências de uma demanda interpretada erroneamente podem ser diversas. Além disso, é responsabilidade do comunicador garantir que a mensagem chegue ao ouvinte de forma clara", comenta Patrícia Carvalho, CMO da Revelo.

Essa realidade se estende a todas as áreas, principalmente para aqueles profissionais que participam frequentemente de reuniões, ministram palestras, gerenciam negócios, desenvolvem ou apresentam projetos, atendem clientes, lideram equipes ou que representam a empresa frente aos veículos de comunicação. Em todas essas situações, a forma de se comunicar contribuirá diretamente para a valorização do profissional e da empresa que ele representa.

Se você é um profissional liberal, um profissional autônomo, um microempreendedor individual, empresário ou executivo de empresa de pequeno, médio ou grande porte, ou até mesmo um servidor público, saiba que você representa a imagem de seu escritório, do seu negócio ou da sua empresa. Portanto maior ainda é a influência da qualidade de sua comunicação com seus clientes e nos resultados da sua organização. Se deseja transmitir uma imagem positiva, comunique-se com excelência e descubra o poder da comunicação assertiva.

A comunicação assertiva aumenta a capacidade de influência e persuasão, permite maior conexão entre as pessoas, promove diálogos mais abertos e transparentes, torna os relacionamentos mais colaborativos e saudáveis, as reuniões mais rápidas e produtivas e as apresentações mais dinâmicas e envolventes. Além disso, ela aumenta o grau de confiança e colaboração entre os gestores e seus liderados, gera *feedbacks* mais produtivos, clientes mais satisfeitos, equipes mais engajadas, auxilia na resolução de conflitos, gera acordos e soluções "ganha-ganha", promove sinergia para alcançar os resultados almejados, torna as informações estratégicas mais claras, traz mais celeridade no andamento dos projetos, gera melhores resultados, contribuindo para que profissionais e empresas cresçam e prosperem em seus ambientes.

Portanto se comunicar de maneira assertiva, e assim dominar a arte de influenciar pessoas, é o seu passaporte mais poderoso para o sucesso e para uma melhor qualidade de vida.

CAPÍTULO 2
O IMPACTO DA FORMA DE FALAR NO SEU DIA A DIA

2
O IMPACTO DA FORMA DE FALAR NO SEU DIA A DIA

A habilidade necessária para se expressar uma ideia
é tão importante quanto a própria ideia.
ARISTÓTELES

Você já percebeu que as palavras que escolhe e a forma como as diz afeta sua comunicação e as reações de quem as ouve? Tão importante quanto saber O QUE falar, é COMO falar. Por isso, é preciso sistematicamente perceber como você fala, os termos que usa no seu dia a dia, gerenciando a forma com que se comunica para conseguir obter os melhores resultados.

Talvez você já tenha presenciado alguém falando e sendo mal interpretado, ou tentando propor uma ideia nova para o chefe, que não é aceita, falando e não sendo ouvido com atenção, demonstrando nervosismo ao apresentar um projeto ou não conseguindo se posicionar como gostaria em uma discussão. Você já passou por alguma dessas dificuldades? Infelizmente, essas situações geram muita frustração e afetam negativamente a carreira de todo e qualquer profissional disposto a realizar um bom trabalho.

Dentro da sua rotina, analise com atenção e assinale quais destas necessidades fazem parte do seu trabalho:

- ☐ Falar bem e influenciar pessoas;
- ☐ Argumentar, defender e vender suas ideias, projetos ou produtos;
- ☐ Transmitir uma imagem pessoal e profissional positiva;
- ☐ Falar com clareza e objetividade;
- ☐ Transmitir segurança e credibilidade ao falar;
- ☐ Realizar apresentações de impacto;
- ☐ Participar de reuniões;
- ☐ Ouvir com atenção e compreender bem as necessidades das pessoas;
- ☐ Transmitir *feedbacks* assertivos;
- ☐ Resolver conflitos;
- ☐ Negociar;
- ☐ Engajar, incentivar e motivar equipes;
- ☐ Orientar pessoas e gerenciar projetos.

Se assinalou mais de três situações acima, certamente a comunicação tem um papel relevante no seu trabalho.

É possível que você seja um líder, gestor, executivo, advogado, vendedor, instrutor ou palestrante, que depende essencialmente de uma boa comunicação para conseguir os melhores resultados, seus ou da sua equipe. Talvez seja um daqueles excelentes profissionais que conhecem a fundo a área em que trabalha, extremamente competente, mas que algumas vezes não consegue os resultados que busca porque esbarra em certas dificuldades ao se comunicar.

Na maioria das empresas, é comum encontrar profissionais que se comunicam de maneira confusa. Aquelas pessoas prolixas, que usam vícios de linguagem, que têm dificuldade em ouvir com interesse e atenção, ou que usam uma linguagem excessivamente técnica, dificultando o entendimento e a clareza da mensagem. Outros profissionais têm uma comunicação muito incisiva e agressiva, demonstram nervosismo e insegurança ao falar, têm medo de falar em público, sua dicção não ajuda, falam muito rápido, ou com uma voz tímida, transmitindo insegurança, ou falam muito alto, passando uma impressão de grosseria.

Pare por um instante e pense que tipo de profissional você é. E, principalmente, como anda a sua comunicação no ambiente de trabalho. Convido você agora a refletir e responder às seguintes questões:

- Você sente que muitas vezes fala e é mal interpretado?
- Já sentiu que suas ideias estão claras na sua cabeça, mas, ao falar, saem confusas, desorganizadas?
- Já sentiu medo de "dar o branco" numa apresentação?
- Você costuma perder a paciência quando as pessoas não entendem o que quer dizer?
- Quando está conversando, um simples debate logo vira um combate?
- Você tem dificuldade em defender suas ideias, convencer alguém ou mostrar uma opinião diferente das demais pessoas?
- Você tem receio de se expor, já recusou convites ou perdeu oportunidades pelo medo de falar em público?

Se respondeu "sim" a algumas dessas perguntas, fique tranquilo, você não está sozinho. Essas dificuldades são comuns e frequentemente mencionadas por inúmeros profissionais, dos mais "novatos" aos mais "seniores". Muitos são altamente qualificados, detêm o conhecimento necessário para desempenhar bem a sua função, têm um grande potencial de ascensão na carreira, porém encontram dificuldades para se expressar de maneira eficaz. Devido ao despreparo para se comunicar de modo assertivo, acabam pondo a perder grande parte de seus esforços, comprometendo suas carreiras e os resultados esperados pela empresa ou organização em que trabalham.

Nos últimos 15 anos, ouvi vários relatos de alunos e clientes que perderam oportunidades importantes porque lhes faltou, em determinado momento, a capacidade ou a habilidade de se expor ou falar em público. Espero que isso não esteja acontecendo com você, ou se já aconteceu no passado, que faça diferente a partir de agora.

Com este livro, pretendo ajudá-lo a enfrentar com sucesso todas as situações nas quais precise de uma comunicação assertiva. Falar em público, argumentar, convencer, persuadir, dar *feedbacks*, negociar, apresentar ou gerenciar projetos, participar de *webinars*, *lives*, gravar vídeos, não importa qual seja o desafio, aceite-o, prepare-se e sentirá o orgulho e a satisfação pela sua *performance* positiva e colherá excelentes resultados.

Tenha a certeza de que, com preparação, treino, prática e com o uso adequado das técnicas e estratégias de comunicação, conseguirá falar com mais segurança, qualidade, eficácia e obter o sucesso que busca e merece na sua vida profissional e familiar.

Convido você, a partir de agora, a conhecer as técnicas e estratégias para tornar a comunicação um diferencial na sua vida e colher resultados extraordinários.

CAPÍTULO 3
PROBLEMAS DE COMUNICAÇÃO: UMA PEDRA NO SAPATO DA MAIORIA DAS EMPRESAS

3
PROBLEMAS DE COMUNICAÇÃO: UMA PEDRA NO SAPATO DA MAIORIA DAS EMPRESAS

Sob o enfoque da gestão de pessoas, entre as maiores barreiras para o crescimento das empresas e dos profissionais estão as deficiências de habilidades comportamentais, as chamadas *soft skills*, e a dificuldade na comunicação humana é uma delas. A falta ou a ineficiência da comunicação interpessoal dentro da empresa é o grande obstáculo para a circulação de ideias e informações, o que dificulta o desenvolvimento das equipes e das organizações.

O cenário atual mostra que a maioria das empresas enfrenta inúmeros problemas de comunicação no seu dia a dia como, por exemplo:

- Informações centralizadas;
- Reuniões extensas e improdutivas;
- Falta de clareza na transmissão das informações estratégicas;
- A famosa "rádio-corredor";
- Falta de *feedbacks* entre líderes e liderados, entre pares ou entre membros de equipes que trabalham num mesmo projeto;
- Falta de comunicação entre as áreas ou setores.

Essas falhas de comunicação podem gerar impactos negativos para as empresas, como o não fechamento de um negócio importante, equipes desmotivadas ou com falta de foco, problemas de relacionamento interpessoal, informações distorcidas, atrasos, retrabalho e clientes insatisfeitos.

Segundo Peter Drucker, 60% de todos os problemas administrativos resultam da ineficiência da comunicação. Uma pesquisa realizada pela DMRH, empresa especializada em recrutamento e seleção de Recursos Humanos, com mais de 1.300 analistas, coordenadores, supervisores, gerentes e diretores de diversas empresas, concluiu que 47,9% dos profissionais brasileiros estão insatisfeitos com a qualidade da comunicação no trabalho.

Outro estudo realizado em 2013 pelo PMI (Project Management Institute) no Brasil, com 300 empresas de grande porte, constatou que somente 33% das empresas executam todos os projetos planejados. Os principais motivos pelo fracasso dos projetos são:

- 76% - problemas de comunicação;
- 71% - não cumprimento de prazos;
- 70% - mudanças constantes de escopo.

É importante ressaltar que em grande parte dos casos esses motivos acontecem simultaneamente.

Além do impacto direto da comunicação nos projetos e processos, também impacta fortemente na imagem da empresa, que tem em seus executivos, diretores, gerentes e colaboradores, seus porta-vozes e principais responsáveis pela boa presença de sua marca no mercado. Ou seja, todos os profissionais, desde o porteiro ao presidente, são os grandes construtores da imagem que a sociedade e os clientes têm daquela organização. No entanto é comum encontrarmos situações em que as pessoas se comunicam de maneira inadequada. Muitas vezes são agressivas ao falar, não têm paciência para ouvir e dialogar, impõem suas ideias sem dar muitas explicações; outras são muito prolixas, falam demais e perdem o foco, ou estão sempre com pressa e ansiosas, e não dão a devida atenção para os colegas ou clientes; ou ainda usam uma linguagem muito técnica e não conseguem se fazer entender.

Vejo também profissionais altamente capacitados, com grande experiência e conhecimento em suas áreas, porém tímidos ou inseguros ao apresentar seus projetos, num tom de voz totalmente monótono, gerando desinteresse e desconexão com o seu público. De pouco adianta um profissional ter muito conhecimento se ele não conseguir "vender bem o seu peixe". Se não souber transmitir com clareza a sua mensagem, um bom profissional pode pôr tudo a perder. Muitas vezes, assuntos importantes deixam de ser valorizados pela forma inadequada com que são transmitidos, o que, em alguns casos, pode levar a um prejuízo incalculável para a empresa e para o desenvolvimento da carreira do próprio profissional.

Todos esses comportamentos inadequados afetam diretamente os relacionamentos interpessoais, prejudicam o andamento dos projetos, a qualidade do atendimento, a imagem da empresa e, consequentemente, os resultados. Por isso, capacitar seus colaboradores para desenvolver a excelência na comunicação é fundamental para manter a imagem positiva da sua empresa e a satisfação dos seus clientes internos e externos. Investir em melhorar as habilidades de comunicação dentro de sua organização ainda é, sem dúvida, um dos mais importantes investimentos que todo empresário pode fazer.

CAPÍTULO 4
AS DIFERENTES FERRAMENTAS DE COMUNICAÇÃO E SEUS IMPACTOS

4

AS DIFERENTES FERRAMENTAS DE COMUNICAÇÃO E SEUS IMPACTOS

Você prefere falar, mandar uma mensagem pelo WhatsApp ou enviar um *e-mail*? Sente-se mais confiante falando por tele ou videoconferência? Usa mais a comunicação escrita ou falada com seus pares ou com a sua equipe?

Diante dos avanços da tecnologia e, principalmente, em tempos de pandemia, as empresas se viram obrigadas a recorrer ao trabalho remoto. Essa foi uma transformação importante e que permitiu grande flexibilidade para as pessoas e para as empresas. Antes mesmo da pandemia já se falava na "Era da Tecnologia", quando milhares e milhares de dados e informações são gerados a cada segundo e na qual as conexões entre as pessoas estão cada vez mais presentes e frequentes. A palavra-chave aqui é CONEXÃO. Agora, fazendo uma reflexão um pouco mais profunda: será mesmo que as pessoas estão realmente conectadas umas com as outras? Virtualmente sim, cada vez mais. Pessoal e "humanamente", não. Percebo que muitas vezes as pessoas estão totalmente desconectadas e distantes umas das outras, suas interações parecem superficiais e pouco efetivas. Parafraseando Márcio Fernandes, ex-presidente da Electro e considerado pela revista Você S/A como um dos líderes mais admirados do Brasil no ano de 2014, "a comunicação tem que ser AFETIVA E EFETIVA".

Palavras criam emoções, que se expressam em sentimentos e provocam ações e comportamentos – tanto de nossa parte, quanto da parte de quem nos ouve. Paulo Vieira, em seu livro *O poder da ação* (2015, p.142), afirma que "as emoções derivadas de nossa comunicação são decisivas na saúde física e emocional, como também definidoras até dos acontecimentos supostamente aleatórios" e que "nós criamos a nossa realidade de acordo com aquilo que comunicamos para nós mesmos e para os outros".

Além disso, é fundamental compreender que as palavras escritas ou faladas geram entendimentos, significados e reações diferentes entre as pessoas que as leem ou ouvem. Muitas vezes o que foi entendido está muito longe daquilo que a pessoa que emitiu a mensagem tinha a intenção de transmitir.

Se recebesse um *e-mail* do seu gestor com a seguinte mensagem: "Gostaria que você assumisse mais responsabilidades aqui na empresa. Falaremos sobre isso amanhã na reunião." Como interpretaria? Seguem as alternativas:

A. "Que ótimo, meu gestor percebe meu potencial e está me dando oportunidade de crescimento!"

B. "Isso não é justo, faço meu trabalho com muita responsabilidade sempre, e agora ele vem me dizendo que não sou responsável o suficiente!"

C. "Ah não, mais tarefas ainda! Já não basta tudo o que eu faço hoje! Deus me livre! Vou pedir um aumento."

D. Nenhuma das anteriores.

Como você não ouviu o tom de voz do seu gestor nem observou sua expressão facial, e como a mensagem enviada não estava muito clara, poderia interpretá-la de várias maneiras.

David Ogilvy, um famoso publicitário considerado por muitos como "o pai da propaganda", dizia que "comunicação não é o que você diz, mas o que o outro entende", e escolher o melhor canal, a melhor ferramenta de comunicação ajudará você a atingir o seu objetivo, que é transmitir a mensagem e ser bem compreendido.

Todos os dias surgem cada vez mais plataformas e ferramentas de comunicação com o intuito de manter as pessoas "conectadas" e alinhadas com as estratégias dos seus negócios, o que é ótimo. Mas ao mesmo tempo em que essa evolução tecnológica contribui para a agilidade e rapidez na transmissão de dados e informações, por outro lado, pode criar também uma "atrofia" na habilidade de conversar, dialogar; principalmente para aquelas pessoas que preferem e priorizam o uso da escrita de mensagens rápidas, em detrimento da fala e da comunicação face a face.

Se você prefere mandar mensagem em vez de ligar ou falar pessoalmente, lembre-se de que a linguagem escrita não tem a emoção da "entonação de voz" nem a riqueza da "expressão facial", elementos fundamentais para o bom entendimento da mensagem. Por esse motivo, muitos mal-entendidos decorrem de percepções diferentes e interpretações errôneas que as pessoas fazem ao ler a mensagem escrita. Por outro lado, a comunicação oral, o famoso "olho no olho", aproxima mais as pessoas, gera vínculos, aumenta o nível de confiança, transmite sentimentos e emoções importantes para a humanização das relações.

Um estudo feito em 2017 pelos pesquisadores Mahdi Roghanizad, da Western University, e Vanessa K. Bohns, da ILR School, departamento da Cornell University, descobriu que pedidos feitos cara a cara são 34 vezes mais eficientes que pedidos enviados por *e-mail*. Nesse estudo, 45 pessoas pediram a 450 estranhos (10 estranhos cada) para que completassem uma breve pesquisa. O roteiro era igual para ambos os grupos, como o modo de perguntar e a escolha das palavras. Mas metade fez o pedido via *e-mail*, enquanto a outra metade fez o pedido cara a cara. A conclusão da pesquisa foi que as pessoas tendem a concordar mais com o pedido quando ele é feito pessoalmente. Há mais confiança e legitimidade nos pedidos pessoais. E fica mais difícil dizer "não" ou "ignorar" o interlocutor.

Cada ferramenta, plataforma ou canal de comunicação tem seus prós e contras, servindo melhor a um determinado propósito. Portanto é necessário haver discernimento e bom senso na escolha adequada de cada canal de comunicação – seja face a face, seja reunião presencial, tele ou videoconferência, *intranet*, *e-mail* etc., de acordo com a necessidade que se apresenta em cada situação.

Minha experiência e pesquisa recomendam priorizar a comunicação verbal, face a face, ou por voz (ligação por vídeo ou áudio) sempre que o assunto for delicado, importante ou polêmico. Conversas difíceis, como demitir alguém, dar um *feedback* negativo ou dar uma notícia ruim será melhor conduzida quando você estiver próximo do outro. O *e-mail*, a mensagem escrita, pode e deve ser utilizada para reforçar ou documentar o que foi dito, combinado, e não para substituir a mensagem falada nessas situações. # Fica a dica!

CAPÍTULO 5
ESTILOS DE COMUNICAÇÃO

5

ESTILOS DE COMUNICAÇÃO

> As organizações são compostas de pessoas que trazem para o ambiente de trabalho todo o seu jeito de ser, sentir e viver. São motivações diferentes, habilidades e aptidões diversas, competências distintas que precisam conviver e produzir. Desconsiderar essas questões impede a visão acurada da organização e impossibilita qualquer ação para a melhora dos modelos de gestão de pessoas. (CASADO, 2002)

Foi-se o tempo em que uma empresa no momento da seleção dos candidatos a uma vaga tinha preferência por pessoas que fossem parecidas ou que partilhassem da mesma filosofia de vida. Hoje a diversidade é um requisito fundamental e dela pode depender o sucesso de uma empresa. Diversidade tem a ver com qualidade, criatividade, produtividade e sucesso. Pessoas com diferentes origens, culturas, etnias, classes sociais, entre outros, quando possuem um mesmo propósito, podem encontrar soluções que não seriam encontradas se todos tivessem vivências, pensamentos e ideias parecidas. A diversidade, quando bem utilizada, potencializa e maximiza resultados. Napoleon Hill, em seu livro *As 16 leis do sucesso*, considera um dos primeiros passos em direção ao sucesso o princípio chamado por ele de "Mente Mestra", que é a coordenação de conhecimento e esforço entre duas ou mais pessoas, em um espírito de absoluta harmonia, com a finalidade de atingir um propósito definido.

Porém liderar equipes e conviver com a diversidade no ambiente profissional requer respeito às diferenças, boa comunicação, saber ouvir, aceitar opiniões diferentes e saber lidar com conflitos, pois surgirão naturalmente. E o conflito, ao contrário do que muitos pensam, não é algo negativo ou prejudicial. Ele só se torna prejudicial quando você não sabe conviver nem aceitar as opiniões, ideias e pontos de vista diferentes dos seus, ou se não consegue expressar suas opiniões frente às divergências. Atitudes como tentar impor suas ideias, não ouvir o outro ou não conseguir se posicionar quando alguém ou um grupo pensa diferente, pode trazer problemas e prejuízos para você e para sua imagem profissional.

Como você costuma lidar com conflitos? Como reage diante de pessoas que apresentam ideias divergentes das suas? Como se posiciona em situações desconfortáveis no seu dia a dia?

Convido você agora a refletir sobre algumas situações:

- Alguma vez você disse "sim" com a vontade de dizer "não"?
- Você já se arrependeu de uma conversa que teve quando estava muito irritado e acabou exagerando?
- Quantas vezes você fez um trabalho que em princípio deveria ser realizado por outra pessoa?
- Quantas vezes, em uma discussão, você não teve coragem de se posicionar do jeito que gostaria?
- Você já se sentiu desconfortável para pedir ajuda a alguém?
- Você já teve dificuldade para dar um *feedback* negativo, expressar uma opinião diferente do seu interlocutor ou para dizer a alguém que ficou ofendido com um comentário ou brincadeira?

Como você se posiciona em situações como essas? Como se sente? Desconfortável, ameaçado, tímido, inseguro, impotente, irritado, com raiva? Ou seguro, confortável, tranquilo, confiante, calmo?

Você consegue se posicionar e falar o que deseja de maneira adequada nas mais variadas situações do dia a dia?

Existem quatro tipos ou estilos de comunicação que podemos utilizar: comunicação passiva, agressiva, passivo-agressiva e assertiva.

Minha intenção aqui não é classificá-lo em nenhum perfil específico, pois costumamos "transitar" por eles, dependendo do dia, das nossas emoções, da situação, das nossas necessidades e do perfil do interlocutor. Mas quero que faça agora uma autoavaliação sincera e procure perceber qual tipo de comunicação tem utilizado com mais frequência.

Veja, a seguir, as principais características de cada um desses estilos comunicativos.

Comunicação passiva

Reflita sobre a seguinte situação:

Imagine que você combinou com seu chefe que na sexta-feira seria seu dia de folga, pois planejou uma viagem surpresa para sua esposa para comemorarem os 15 anos de casamento. Passou toda a semana planejando os detalhes da comemoração e, na quinta-feira pela manhã, seu chefe o chama na sala dele para avisar que entrou um pedido de um cliente novo e muito importante para a empresa. Ele fala que você é a pessoa com mais experiência e competência para atender a essa demanda, e pergunta se não se importa de transferir seu dia de folga para a semana seguinte. Diante do calor da situação, você engole a seco o pedido e aceita, dizendo: "Ok, tudo bem." No entanto o mau humor toma conta do seu ser. Você sente muita raiva dele e de você, por não conseguir dizer "não" nem dar uma alternativa para resolver a situação.

Isso parece familiar? Diante dessa situação, você teria essa reação ou agiria de maneira diferente para não se sentir "refém" ou vítima do seu chefe e do seu trabalho?

Pois então, se você não consegue expressar seus sentimentos, pensamentos e ideias, costuma "engolir sapos" diariamente, não consegue dizer "não" ou impor limites quando necessário, se você se preocupa demasiadamente com a opinião dos outros, teme a reação do seu interlocutor quando diverge dele ou quer ser "bonzinho" com todos para ser aceito e bem quisto, então fique atento, pois essas atitudes - características da comunicação passiva, podem trazer muito sofrimento e prejudicar sua vida pessoal e profissional. Pense nisso!

É importante diferenciar um comportamento passivo, como descrito, de um comportamento pacífico, observado nas pessoas que buscam diálogos saudáveis e equilíbrio nas relações, e muitas vezes optam pelo silêncio quando percebem que discutir ou querer mostrar seu ponto de vista com certas pessoas não vai dar em nada.

A passividade bloqueia a sua comunicação, engessa e "aprisiona" você e, com o passar do tempo, pode gerar um estrago físico, emocional, mental e comportamental, favorecendo doenças psicossomáticas tais como depressão, síndrome do pânico e ansiedade, além de estimular desequilíbrios decorrentes do estresse.

O descontrole emocional é outra consequência frequente do comportamento passivo, levando a pessoa a se tornar agressiva a qualquer momento, com reações explosivas, como forma de compensação. A perda de credibilidade profissional e pessoal, os conflitos nos relacionamentos e a infelicidade podem ser outras consequências mais graves desse quadro.

A passividade leva à omissão, a não aceitar correr riscos, faz você evitar assumir responsabilidades e a deixar de fazer quaisquer coisas pelas quais possa vir a ser responsabilizado no futuro, ou a ser rejeitado.

Ao ser passivo, acaba dizendo NÃO para alguma necessidade interna sua e SIM para o outro, sacrificando suas vontades ou necessidades em prol da vontade de outrem.

Pessoas em posição hierárquica elevada que costumam ter uma comunicação passiva, que não se expressam com clareza e não se posicionam frente aos conflitos, demonstram insegurança, não inspiram confiança e não engajam nem motivam suas equipes.

Veja algumas características da comunicação passiva:

- Dificuldade em se expressar abertamente;
- Dificuldade em manifestar seus pensamentos, opiniões e descontentamentos;
- Preocupação demasiada, medo ou receio da reação do outro;
- Desejo de agradar e ser aceito;
- Dificuldade em dizer "não" e impor limites;
- Omissão ou submissão.

A pessoa que costuma ter uma comunicação passiva pensa:

- *"Não posso dizer o que penso, senão vou magoar alguém";*
- *"Tenho dificuldade em dizer NÃO aos pedidos que as pessoas me fazem e quando digo me sinto culpado";*
- *"Prefiro manter a amizade a ser sincero e mostrar minha opinião contrária";*
- *"Prefiro ficar quieto e não me expor";*
- *"Quando tenho dúvidas, evito fazer perguntas para não parecer inseguro ou ridículo;*

- *"Quando estou numa reunião, só falo quando sou questionado, senão prefiro só ouvir e ficar na minha";*
- *"Quando alguém é agressivo comigo, fico chocado, com raiva, sem reação e não sei o que dizer".*

Comunicação agressiva

Ao contrário da comunicação passiva, na agressiva a pessoa quer fazer valer sua opinião a qualquer custo, falando alto, criticando, confrontando ou desconsiderando as ideias e opiniões de quem pensa diferente. Geralmente não ouve os outros, não mede as palavras ao falar, fazendo comentários destrutivos, focados, muitas vezes, em críticas, julgamentos e acusações. Quem usa esse tipo de comunicação com frequência costuma afirmar, com muito orgulho: "Eu digo o que penso, não levo desaforo para casa..." ou "Sou muito direto e transparente". O problema é que essas pessoas confundem a sinceridade com "sincericídio", pois da maneira como falam acabam agredindo, ofendendo ou humilhando o outro.

Outro dia recebi um cliente para um trabalho de *coaching* por indicação da área de Recursos Humanos da empresa. A gestora do RH falou que essa pessoa tinha muitas dificuldades de relacionamento interpessoal, gerava muitos conflitos, porém era um dos profissionais com mais experiência na sua área de trabalho e que trazia bons resultados. Por esse motivo, a empresa ainda estava apostando nele e investindo no aprimoramento da sua comunicação.

Na primeira sessão de avaliação, ouvi o seguinte relato: "As pessoas é que não me entendem, acham que eu sou agressivo, mas é só o meu jeito de falar, não é a minha intenção. Eu sei que falo muito alto, mas sempre falei assim, lá em casa todos falam assim. Meus colegas é que precisam se acostumar, porque esse é meu jeito". A falta de consciência sobre o impacto negativo muitas vezes impede que essas pessoas, que utilizam com frequência uma comunicação mais agressiva, consigam mudar, melhorar.

Fique atento: pessoas que impõem suas vontades, que gostam das coisas do seu jeito, que transformam debates em verdadeiros combates, que se consideram "supersinceras", tendem a ser comunicadoras agressivas e, consequentemente, afastam as pessoas do seu convívio ou geram um grande desconforto em quem convive com elas. Gestores agressivos geram equipes inseguras, insatisfeitas, tensas, acuadas, desmotivadas e que muitas vezes até adoecem por estarem submetidas a esse estilo de liderança autoritário e impositivo.

Trago, a seguir, algumas características da comunicação agressiva:

- Falar gritando;
- Usar palavras ofensivas;
- Interromper a pessoa no meio da fala, criticar e desqualificar a ideia do outro;
- Usar um tom de voz agressivo (muitas vezes não é o que você fala, mas como você fala e a sua entonação de voz que transmite agressividade).

É possível ser direto e transparente sem ofender, mesmo que a sua opinião seja contrária à do seu interlocutor. Para isso, o primeiro passo é ter respeito pelo outro e estabelecer empatia.

Algumas frases e pensamentos das pessoas que utilizam uma comunicação agressiva são:

- *"Eu perco a paciência com facilidade, sou 'pavio curto' e reajo impulsivamente."*;

- *"Quando alguém é agressivo ou irônico comigo, eu respondo na mesma moeda. Não levo desaforo para casa."*;
- *"Quando preciso me impor junto a outra pessoa, costumo aumentar meu tom de voz e olhar de forma fixa e penetrante."*;
- *"Quando necessário, sou duro e inflexível. Não dou muitas explicações sobre minhas decisões porque tenho certeza de que tenho razão."*;
- *"Se eu for muito bonzinho, as pessoas irão aproveitar, deitar e rolar."*;
- *"Não costumo elogiar minha equipe. Se elogiar, estraga."*;
- *"Sou muito sincero. Falo a verdade, doa a quem doer."*

Você identifica esse tipo de comunicação em algumas pessoas ou situações no seu ambiente de trabalho? Muitas vezes, quando somos dominados por uma emoção negativa muito forte, como raiva, ou indignação, por exemplo, acabamos nos comunicando de forma agressiva. Todos nós estamos sujeitos a "perder a cabeça", falar demais, dizer coisas no calor da emoção e que, depois, nos arrependeremos. Ao se perceber nessa situação, faça uma PAUSA restauradora, que pode ser respirar, contar até dez antes de responder ou reagir, tomar um copo d'água, levantar e dar uma volta, pedir um tempo para refletir sobre o assunto e retornar à conversa. Como diz o ditado popular: "Inspira! Respira! Não pira!". Procure ficar atento às suas emoções e identifique quais são os gatilhos emocionais que o tiram do sério, pois ter essa consciência é o primeiro passo para obter o autocontrole.

Outra maneira eficaz de trocar a agressividade pela assertividade na sua comunicação é identificar qual é o seu objetivo em cada diálogo ou situação de comunicação e ter mais clareza dos resultados que busca atingir. Você deseja impor ou expor as suas ideias? Quer gerar debate ou embate? Quer paz ou estresse na sua vida? Quer gerar medo ou confiança nas pessoas que estão à sua volta? Quer sua equipe obediente às suas ordens ou com autonomia para criar, questionar, sugerir, opinar, solucionar e aprender?

Lembre-se de que há uma grande diferença entre liderar sua equipe por meio da obediência e controle versus confiança e motivação. Quando lidera apenas contando com a "obediência e controle", em geral, se desenvolve o medo nas pessoas e sentimento de desconfiança no ambiente de trabalho. É aquela velha história: "quando o gato sai, os ratos fazem a festa."

E se depois de tentar tudo isso ainda estiver difícil, lembre-se do conselho que o guru indiano Shirdi Sai Baba costumava dar: "Antes de falar, pergunte a si mesmo: É gentil? É necessário? É verdadeiro? Acrescenta alguma coisa ao silêncio?". Se a resposta for não, provavelmente a melhor atitude será o silêncio.

Comunicação passivo-agressiva

Imagine que na próxima semana haverá uma reunião com todas as equipes da sua empresa para apresentar os resultados do último trimestre à diretoria. Como você tem dificuldade para falar em público, combinou com seu colega que ele realizaria a apresentação do projeto que desenvolveram juntos. Na noite anterior, ele envia uma mensagem avisando que não poderá fazer a apresentação, pois acabou de lembrar que tem uma consulta médica agendada há três meses para o mesmo dia da reunião. Você envia uma resposta por mensagem de voz, em tom irônico, dizendo: "Que ótima notícia, muito obrigado por ter me avisado com antecedência!". E você se vê obrigado a fazer a apresentação.

Esse é um exemplo que representa a comunicação passivo-agressiva. Você acaba se submetendo a algo que não gostaria de fazer e não consegue se posicionar para mudar a situação.

O comportamento passivo-agressivo acontece geralmente em situações nas quais se quer evitar conflitos e decorre da dificuldade em manifestar suas necessidades ou de expressar sentimentos negativos, como o ressentimento ou a discordância. Aparentemente, você se mostra aberto e receptivo aos desejos do outro, mas internamente tem uma resistência em concordar com essas necessidades. Aos poucos, vai ficando irritado, mal-humorado, mais agressivo e hostil.

Algumas características da comunicação passivo-agressiva são:

- Deboche;
- Sarcasmo;
- Cinismo;
- Ironia;
- Mensagens com duplo sentido;
- Piadas mal-intencionadas;
- Famosas "indiretas" e "brincadeiras" ofensivas.

A comunicação passivo-agressiva é uma forma de expressar sentimentos de raiva ou insatisfação de maneira silenciosa. Mesmo negando que haja algo errado, a pessoa permanecerá "fechada" nesse contexto emocional.

Esse comportamento muitas vezes aparece em ambientes muito competitivos, em que não há colaboração nem transparência nas relações.

Fique atento a algumas situações que demonstram atitudes passivo-agressivas:

1. Fazer piadas sarcásticas para "alfinetar" o outro;
2. Fazer brincadeiras em tom irônico;

3. Ficar emburrado(a) e não querer mais falar no assunto;
4. Mesmo tentando disfarçar a raiva, fica de mau humor, contribuindo para um clima pesado e tenso no ambiente;
5. Sentir tanta raiva da outra pessoa que não consegue manter contato visual com ela quando fala;
6. Revirar os olhos e suspirar ao ouvir algo que não está de acordo.

Imagino que tenha lembrado de alguém ao ler essas atitudes, ou talvez você mesmo tenha se identificado com algumas delas no seu dia a dia. Nesse caso, ressalto novamente a importância de ter consciência de que essas atitudes impactam negativamente nos seus relacionamentos e não trazem bons resultados para a sua vida.

Comunicação assertiva

A comunicação assertiva é a habilidade de se expressar de maneira franca, aberta e transparente, com respeito e consideração aos sentimentos, pensamentos e ao bem-estar dos outros.

Ser assertivo na comunicação é ser proativo, dizer o que tem que ser dito, na hora certa, de maneira respeitosa e empática. É falar com clareza e objetividade, controlando as emoções, o tom de voz, a linguagem corporal e selecionando as melhores palavras para uma boa compreensão. E como a comunicação é uma via de mão dupla e não um monólogo, outro aspecto fundamental para ter uma comunicação assertiva é escutar o outro com interesse e atenção, criando um diálogo aberto e colaborativo para gerar uma verdadeira CONEXÃO.

Para estabelecer uma comunicação assertiva, você precisa, antes de começar a falar, ter consciência e identificar com clareza qual é o seu objetivo em cada diálogo, para que possa obter o resultado que deseja. Se está atendendo a um cliente estressado, antes de revidar algum comentário grosseiro ou ofensivo, conecte-se com seu objetivo, que talvez seja acalmá-lo, fechar uma venda, atender com excelência, manter a calma e o autocontrole ou bater a sua meta.

Já se está tendo uma conversa difícil com o seu gestor e ele está falando algo que não concorda, antes de falar as "suas verdades" sem pensar, ser irônico ou agressivo, pense que isso só piorará as coisas para o seu lado. Lembre-se do seu propósito, seja ele evoluir profissionalmente, ser promovido, manter um bom relacionamento com seu chefe. Independente de qual seja o seu objetivo (esclarecer, informar, orientar, persuadir, motivar, engajar, acolher, ouvir...), ele precisa estar muito bem definido e claro.

E depois? Bem, os próximos passos para desenvolver a comunicação assertiva serão apresentados nos próximos capítulos, mas antes disso, quero mostrar a você como podemos transformar a comunicação agressiva em uma comunicação assertiva.

Veja os exemplos abaixo:

- *"Não admito ser desrespeitada por você. Sua falta de educação ontem na reunião é inadmissível. Você me feriu, me humilhou, desconsiderou minha capacidade. Você não é um profissional com competência para o cargo que ocupa".*

Agora veja como ficaria essa fala, em uma forma mais assertiva:

- *"Ontem, quando eu estava apresentando o projeto para a nossa equipe, você fez uma crítica na presença de todos porque estava faltando um slide na apresentação. Eu me senti exposta e constrangida.*

Estou aqui hoje para pedir que me chame em particular quando quiser tratar de assuntos deste tipo".

Outra situação:

- *"Jorge, o conserto que você diz que fez no ventilador está uma droga, não está funcionando bem, faz um barulhão quando liga. Que péssimo trabalho! Assim não dá!".*
- *"Oi Jorge, tudo bem? O conserto no ventilador não ficou bom, pois ainda está fazendo barulho quando liga. O que você acha que pode fazer para que a regulagem fique mais precisa e termine com o barulho?".*

Percebeu a diferença? Para tudo o que precisa ser dito tem diferentes formas de falar, e a comunicação assertiva proporciona melhores resultados, pois ela reduz as resistências e gera clareza, compreensão, conexão e aumenta as chances de colaboração.

Analisando os quatro estilos de comunicação que acabamos de ver, responda: qual tipo de comunicação você tem utilizado com mais frequência? Você se considera uma pessoa que se comunica de maneira assertiva? Em caso negativo, o que pode fazer para aperfeiçoar a sua comunicação?

Ao desenvolver a comunicação assertiva, conquistará a liberdade de se expressar com segurança, afirmar-se sem ansiedade, agir em favor das suas necessidades, expressar seus sentimentos sem constrangimento, apresentar suas ideias com clareza, concordar ou discordar, de acordo com seus princípios e valores, respeitando os seus direitos e necessidades, bem como os direitos e as necessidades dos outros.

Buscando praticar o comportamento assertivo, garantirá mais qualidade de vida e harmonia em seu ambiente profissional, social e familiar. Conseguirá desenvolver relações interpessoais maduras, com base no autorrespeito e no respeito ao outro. Colocará limites às pessoas agressivas ou invasivas e começará a analisar e resolver os problemas com foco na solução, em vez de ficar buscando culpados. Essa busca é diária e conquistada aos poucos. Só depende de você.

CAPÍTULO 6
O QUE PREJUDICA A SUA COMUNICAÇÃO

6

O QUE PREJUDICA A SUA COMUNICAÇÃO

É claro que todo problema tem uma ou até mesmo várias causas. E não é diferente no caso de uma comunicação ineficaz. A seguir, estão listados quatro fatores que prejudicam a sua comunicação e podem comprometer seus relacionamentos e seus resultados.

1. Pressa

A correria do dia a dia faz com que as pessoas não se preparem adequadamente para as situações importantes de exposição ou comunicação. A pressa prejudica o processo de falar e de ouvir com atenção e interesse. Infelizmente a rotina das empresas, com inúmeras reuniões diárias e excesso de demandas, sobrecarrega os profissionais e prejudica a qualidade das interações.

Por conta disso, enviamos *e-mails* sem revisá-los, preparamos apresentações de última hora, lemos mensagens com pressa, sem a devida atenção, e com isso interpretamos de maneira equivocada, passamos orientações sem validar se a mensagem foi realmente entendida pelo outro. A falta de tempo também impede que os gestores consigam dar *feedbacks* assertivos e tenham um tempo de qualidade para diálogos individuais com cada profissional da sua equipe.

2. Falta de preparo

Ao longo de vários anos trabalhando com comunicação nas empresas, percebo que a maioria das pessoas costuma falar de improviso, em vez de se preparar adequadamente. Falar de improviso, sem pensar, sem se preparar, sem organizar antes as ideias ou selecionar bons argumentos, aumenta suas chances de fracassar. Por outro lado, a preparação nos capacita, nos empodera, traz mais segurança e autocontrole, porém, ao mesmo tempo, ela nos tira da zona de conforto e exige esforço e dedicação, o que as pessoas nem sempre estão dispostas a fazer.

3. Falta de consciência emocional

A dificuldade em pensar antes de agir e falar é uma das principais causas dos fracassos nos diálogos. Pessoas impulsivas, que falam "no calor da emoção", sem refletir sobre as possibilidades e os efeitos da sua comunicação, correm o risco de pôr tudo a perder, e geralmente se arrependem depois. A dificuldade em gerenciar as emoções nos torna refém delas. Geralmente pessoas mais impulsivas costumam usar uma comunicação mais agressiva.

Tomar consciência sobre as suas emoções, identificá-las, nomeá-las, perceber quais são as necessidades não atendidas que estão gerando essas emoções traz mais clareza e discernimento para decidir o que falar e qual atitude tomar diante de cada situação. Como disse Viktor Frankl, sobrevivente do campo de concentração Auschwitz: "Entre estímulo e resposta há um espaço. Nesse espaço está nosso poder de escolher nossa resposta. E é nela que reside o crescimento e nossa liberdade".

4. Falta de empatia

A dificuldade de se colocar no lugar do outro, de perceber os sentimentos e as necessidades ou de entender a realidade do outro é causa de inúmeros conflitos, ruídos e desentendimentos, gerando um verdadeiro abismo entre as pessoas. Falaremos disso adiante.

Se você percebe que não está tendo bons resultados na sua comunicação, procure identificar se existe algum desses fatores prejudicando a sua *performance*. Identifique também quais são as situações mais desafiadoras para você, quando e com quem precisa se controlar mais para obter o sucesso que busca.

Nas próximas páginas, descobrirá como ter maior nível de consciência e domínio sobre a própria habilidade comunicativa e aprender sobre as principais estratégias e ferramentas da comunicação assertiva e de alto desempenho.

CAPÍTULO 7
PREMISSAS PARA DESENVOLVER A COMUNICAÇÃO ASSERTIVA

7

PREMISSAS PARA DESENVOLVER A COMUNICAÇÃO ASSERTIVA

Meu pai é engenheiro mecânico e me lembro na minha infância de uma caixa preta cheia de ferramentas, grande e pesada, que ele usava bastante no dia a dia. Com elas, conseguia consertar várias coisas como num passe de mágica. Às vezes bastava apertar um parafuso com a chave de fenda e pronto, problema resolvido! Em outras, o conserto era um pouco mais trabalhoso. Você sabia que todos nós temos uma "caixa de ferramentas" de comunicação? Todos nós temos as mesmas ferramentas disponíveis, porém cada um as usa da sua maneira, do seu jeito, alguns têm bastante domínio, outros desconhecem a utilidade de cada uma delas.

Na comunicação, nossas principais ferramentas são as palavras, a voz, o corpo, a dicção, as pausas, o ritmo, os gestos, as expressões, os argumentos, o olhar, o silêncio, e cada uma delas tem a sua função e seus impactos. Dependendo da forma como são utilizadas, têm o poder de conquistar ou afastar o interlocutor, além de gerar impressões positivas ou negativas como, por exemplo, entusiasmo, segurança, credibilidade ou, por outro lado, nervosismo, raiva ou insegurança.

Tenho certeza de que você, assim como eu, deseja causar uma boa impressão ao falar. Porém a maioria das pessoas não tem consciência nem domínio desses recursos quando está se comunicando, não sabe identificar seus pontos fortes e os pontos que precisam ser melhorados para desenvolver uma comunicação assertiva.

Tendo maior consciência e domínio de cada uma dessas ferramentas, você se tornará mais assertivo, se sentirá mais autoconfiante e satisfeito ao falar e obterá melhores resultados no seu dia a dia.

Como em todo e qualquer processo de evolução ou mudança, a transformação começa pela tomada de consciência do seu estado atual; na comunicação, não é diferente. Para você conseguir mudar, aprimorar a sua comunicação e desenvolver alta *performance*, terá que deixar de lado o conforto dos velhos costumes. A partir de agora, convido você a sair da sua zona de conforto, a se desafiar e a começar uma verdadeira transformação pessoal e da sua comunicação. Vale a pena!

Existem duas premissas essenciais para desenvolver a comunicação assertiva: AUTOAVALIAÇÃO E PREPARAÇÃO.

Autoavaliação

"Conhece-te a ti mesmo!". Essa famosa frase escrita na entrada do templo de Delfos, construído em homenagem ao deus grego Apolo, define o primeiro passo da sua jornada: AUTOAVALIAÇÃO. E o seu ponto de partida para a autoavaliação será gravar um vídeo (com aproximadamente dois minutos de duração) falando sobre você, apresentando o seu trabalho ou seu negócio. Caso não esteja trabalhando atualmente, fale da sua formação e das suas experiências anteriores; você pode se imaginar numa entrevista de emprego: o que falaria, como se apresentaria?

A seguir, assista ao seu vídeo, anote o que gostou, o que não gostou e identifique o que pode ser melhorado. Após fazer suas anotações e observações, complementando a sua autoavaliação, preencha a seguir a RODA DA COMUNICAÇÃO.

Roda da comunicação

De acordo com sua percepção atual de satisfação com cada uma das áreas da comunicação (representada no gráfico abaixo), assinale de 1 a 10 usando o seguinte parâmetro:

- 1 completamente insatisfeito.
- 10 completamente satisfeito.

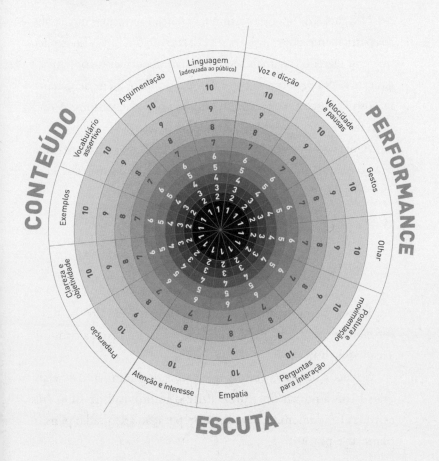

O segundo passo para tornar a sua comunicação mais assertiva é a preparação.

PREPARAÇÃO

Eu tive sorte. Mas só depois de treinar dez horas por dia!
TIGER WOODS

Nos cursos de oratória costumo, no início, apresentar um desafio aos participantes: descobrir qual é "O segredo dos 3 Ps". Eu explico que esse segredo traz mais segurança, aumenta a autoconfiança e garante a alta *performance* ao falar em público, além de evitar o famoso "branco" – tão temido pela maioria das pessoas. A dica mais fácil é que esse segredo começa com a letra "P".

Agora vou apresentar "o pulo do gato", a chave para ter mais sucesso e alcançar uma comunicação assertiva. Eis "O Segredo dos 3 Ps":

1. PREPARAÇÃO

2. PREPARAÇÃO

3. PREPARAÇÃO

É isso mesmo, não foi um erro de digitação. Coloco dessa forma para ressaltar a importância da preparação para a comunicação assertiva.

Se você é daquelas pessoas que não se preparam, mas desejam falar bem, aqui vai uma dica: evite o improviso! Existem três atitudes fundamentais para uma preparação adequada: pensar, planejar e praticar.

Pensar

Aristóteles já dizia que "O sábio não diz tudo o que pensa, mas pensa em tudo que diz". De fato a comunicação começa muito antes de você falar, ela começa dentro da sua cabeça, na sua mente. Portanto reflita:

- Qual é o seu objetivo na sua próxima conversa, reunião, *feedback* ou apresentação? Para cada objetivo, seja ele resolver um conflito, esclarecer uma dúvida, vender uma ideia, informar, convencer, orientar, motivar, persuadir, compreender, engajar, existe uma estratégia que precisa ser pensada, elaborada na sua mente.
- Quais são as suas principais expectativas e necessidades?
- Quais são as expectativas e necessidades do seu interlocutor?
- Qual seria a forma mais respeitosa de dizer o que tem que ser dito?
- Como o outro receberá ou como ele poderá se sentir ouvindo isso?

Analise bem todas as respostas e evite prejulgar, pois os prejulgamentos costumam distorcer a realidade e prejudicar a sua comunicação.

Pensar antes de falar trará mais clareza à sua mente e aumentará o seu nível de autocontrole.

A segunda atitude fundamental para uma preparação adequada é planejar.

Planejar

Nesta etapa, organize suas ideias, busque dados e fatos, pesquise, atualize-se, selecione os melhores argumentos e prepare-se para receber e ouvir possíveis objeções e contrapontos do seu interlocutor. Coloque-se no lugar dele, para entender como ele pensa, como ele se sente, quais são seus valores, suas crenças e suas expectativas. Coloque tudo isso num papel.

A seguir, um *checklist* para ajudá-lo nesta etapa de planejamento:

1. O que você vai falar? Qual o assunto? O que será tratado?
2. Para quem? Quem é o seu interlocutor, seu público-alvo? Qual é o nível de interesse dele, suas expectativas? O que ele ainda não sabe e precisa saber? Quais as resistências e objeções que seu interlocutor pode trazer se opondo à sua ideia? Todas essas questões ajudarão você a definir melhor os argumentos, escolher o tipo de linguagem mais adequado ao perfil do(s) seu(s) ouvinte(s), o nível de profundidade do assunto e a selecionar os melhores exemplos, ajudando a ser mais assertivo na sua fala.
3. Por quê? Qual é o seu objetivo? Qual é a sua real intenção? Vender uma ideia, produto ou serviço, transmitir informações novas, convencer, influenciar na tomada de decisão, resolver um conflito, esclarecer uma dúvida, acalmar os ânimos, buscar apoio ou financiamento, apresentar um projeto, encantar seu cliente? Se você não tiver um objetivo bem claro e definido, talvez terá dificuldade de atingir o resultado esperado. "Não existe vento favorável para quem não sabe aonde quer ir". (SÊNECA)
4. Quanto tempo? Procure respeitar o tempo predeterminado. Conheci várias pessoas prolixas ao longo da minha trajetória que falavam demais em reuniões, palestrantes que extrapolavam o tempo, gerando ansiedade e irritação na plateia, assim como pessoas muito sucintas que falavam pouco e não sabiam aproveitar o seu tempo. Ajustar a sua fala ao tempo determinado é essencial.

5. Onde? Se for uma reunião virtual, por exemplo, defina qual é a melhor plataforma e os recursos disponíveis; se for presencial, procure saber detalhes do local, quais os equipamentos disponíveis, se tem todos os recursos que você precisa (microfone, Datashow, mesas e cadeiras etc.) e se estão funcionando adequadamente.
6. Como? Diante de todas as respostas obtidas nas questões anteriores, com base nesse cenário, você agora tem condições de escolher as melhores estratégias (exemplos, *cases*, perguntas, histórias, dinâmicas, argumentos, vídeos etc.) para falar e encantar o seu público.

Finalizado o *checklist* acima, coloque no papel o mapa mental das suas ideias, um roteiro claro e simples, organizado numa sequência lógica, para se basear na hora de falar. O mapa mental precisa ser visivelmente limpo, com palavras-chaves ou frases curtas, indicando claramente qual é a sua linha de raciocínio.

Algumas pessoas se preparam escrevendo em forma de texto tudo o que o que falarão, depois tentam decorá-lo, o que geralmente não funciona bem, pois perdem a naturalidade, ficam engessadas no texto e com medo de esquecer alguma parte do conteúdo. Portanto sugiro sempre a elaboração de um mapa mental limpo e sucinto, que lhe dará segurança e será seu ponto de apoio sempre que precisar.

A terceira atitude para uma preparação adequada é praticar.

Praticar

Você é o que você faz repetidamente.
Excelência não é um evento, é um hábito.
ARISTÓTELES

Segundo um dito popular, "tentar adquirir experiência apenas com teoria é como tentar matar a fome apenas lendo o cardápio". É claro que a leitura ajuda, conhecer as técnicas também, mas é a prática contínua que o levará à verdadeira transformação. Toda mudança de comportamento e o desenvolvimento de uma nova habilidade, requer muita, mas muita prática. Esse também é o caso da comunicação assertiva.

Os profissionais de alta *performance* sabem que esse é o verdadeiro segredo do sucesso. Michael Phelps, famoso nadador americano, maior recordista das olimpíadas, em uma entrevista falando sobre os seus treinos e a preparação para as competições, contou que no último ano treinou 365 dias, não teve nenhum dia de descanso, pois ele queria ser melhor, superar os próprios limites e vencer a competição.

Para atingir alta *performance* na comunicação, além de pensar e organizar o conteúdo, é necessário treinar em voz alta várias vezes, três, quatro, cinco vezes se for preciso, grave-se falando e assista, observando o que ficou bom e o que precisa melhorar. Cada vez que treina em voz alta, você consegue organizar melhor suas ideias, estruturando-as numa sequência lógica e memorizando-as, evitando com isso o famoso "branco" e lapidando cada vez mais a sua fala. Acredite, treinar em voz alta é uma das estratégias mais poderosas.

Se mesmo treinando com apoio do seu mapa mental, ainda tiver receio de esquecer alguma questão importante na hora de falar, anote os pontos-chave, faça um *checklist* dos tópicos relevantes e mantenha essa lista perto de você, para consultá-la, se necessário.

Enfim a preparação é essencial em todos os momentos que você precisa ter uma comunicação assertiva: em conversas difíceis, negociações, *feedbacks*, reuniões, apresentações, palestras, *pitch* de vendas etc.

Especialmente quando o desafio maior é falar em público, ouço muitas pessoas afirmarem que "a oratória é um dom", mas na realidade é uma habilidade que pode ser treinada e aperfeiçoada e que está ao alcance de todos que desejam se expressar bem. Não é uma questão de dom, nem de sorte, e sim de muito preparo, treino, prática.

Treine muito a sua apresentação. Aqui não existem milagres. Assim como um pianista toca uma música inúmeras vezes antes de subir ao palco, uma bailarina treina e dança durante horas e horas para dominar a coreografia, um maratonista se prepara para uma maratona correndo diariamente, um orador ou palestrante, antes de fazer sua apresentação, precisará falar em voz alta muitas e muitas vezes para adquirir mais domínio e segurança e desenvolver a alta *performance*. Lembre-se da frase de Abraham Lincoln: "Se eu tivesse nove horas para cortar uma árvore, passaria as seis primeiras afiando o meu machado".

CAPÍTULO 8
EMPATIA

8

EMPATIA

Sabemos que a comunicação é um processo complexo, pois envolve pessoas. E cada pessoa possui a própria bagagem de vida, crenças, valores e experiências, conhecimentos, personalidade e modo de pensar. Quanto mais você se dedicar a compreender como o outro pensa, como se sente, quais as expectativas e necessidades, mais conseguirá entrar em sintonia e gerar conexão com o outro.

Uma pesquisa conduzida pela consultoria Businessolver, que ouviu 1850 funcionários, profissionais de RH e executivos norte-americanos, revelou que 79% dos CEOs reconhece a empatia como chave para o sucesso das companhias. O estudo, intitulado "*State of Workplace Empathy*", é realizado anualmente desde 2016, e vem demonstrando que esse índice cresceu nos últimos anos (o índice passou de 57% em 2016 para 79% em 2019). Um incremento significativo de 22 pontos percentuais em apenas três anos.

Outro estudo realizado pela consultoria The Empathy Business com 170 empresas americanas, indianas e europeias, criou um índice de empatia corporativo e comprovou que a empatia corporativa está diretamente correlacionada com crescimento e produtividade. Essa pesquisa constatou que as 10 primeiras empresas no *ranking* de empatia lucraram 50% mais do que as piores empresas do *ranking*.

A Revista *Você RH* (abril, 2020) publicou o resultado de uma pesquisa realizada na Universidade Estadual de Michigan que avaliou o nível de empatia em 63 países. Infelizmente, nessa pesquisa o Brasil ficou em 51º lugar em empatia. Ou seja, ainda precisamos evoluir muito nesse aspecto.

Quando eu era criança, não existia rádio digital, apenas analógico. Para conseguir ouvir as músicas, precisava mexer manualmente o botão do rádio até sintonizar a estação preferida; quando não encontrava, ouvia-se apenas um chiado. Porém ao sintonizar o botão no lugar exato da estação, aí sim escutava a música e a voz do locutor sem nenhum ruído.

Para mim, uma comunicação sem empatia é uma comunicação sem sintonia, cheia de ruídos, interferências e distorções, na qual as pessoas não conseguem compreender umas às outras. A falta de empatia gera discussões, conflitos e desentendimentos, dificultando os relacionamentos. Por outro lado, quando exercemos a empatia, conseguimos gerar uma sintonia fina com o outro e compreender com mais clareza e nitidez o nosso interlocutor. Nos conectamos.

Em uma definição prática e objetiva, a empatia é a capacidade de se colocar no lugar do outro, de perceber como o outro pensa e sente. É enxergar a alma do outro sem julgar, compreendendo que as dores, os sentimentos, os pensamentos e as necessidades pesam de jeitos diferentes dentro de cada um, dentro do seu tempo. É o esforço que precisamos fazer sempre que estamos conversando com alguém, buscando entender as crenças, os valores, o ponto de vista e as emoções do outro, compreendendo-o na sua singularidade e respeitando seu jeito de ser. Isso é ser humano.

Vivemos em sociedade, convivendo e nos comunicando com nossos familiares, colegas de trabalho, clientes e amigos. Cada pessoa é única e diferente, pois traz consigo o seu jeito de pensar, viver e sentir, suas forças e dificuldades, baseadas na sua história e na sua bagagem de vida. E é natural que nessa convivência com pessoas diferentes, num ambiente de diversidade, surjam conflitos – o que para a maioria das pessoas é considerado algo ruim. No entanto o conflito, além de ser inerente às relações humanas, tem o seu lado positivo, quando reconhecemos a importância e os benefícios da diversidade e exploramos as ideias de cada um, buscando o bem comum.

Reflita por um momento: como costuma lidar com os conflitos que surgem no seu dia a dia? Algumas pessoas preferem fugir do conflito, por meio de uma atitude passiva, outras preferem lutar de frente, contra ele, gerando um verdadeiro combate de ideias, na tentativa de "vencer o adversário". Se a sua intenção for resolver conflitos de maneira assertiva, na busca de uma solução ganha-ganha, você precisa estar disposto a ver as coisas com os olhos das outras pessoas por meio da empatia, identificando suas reais expectativas e necessidades. Assim conseguirá ter uma visão mais ampla da situação, compreendendo a perspectiva do outro e buscando argumentos que façam sentido para ele, o que ajudará a chegar a uma solução melhor e mais justa para todos.

Para gerar empatia, é necessário sair da introspecção e ir para a "outrospecção" (expressão cunhada por Roman Krznaric, no livro *O poder da empatia*), entrando no mundo do outro, observando e buscando entender a sua realidade.

Mas afinal: o que é ser empático?

Ser empático é criar uma conexão real com as pessoas, ao vê-las como elas são, compreendendo e aceitando a sua individualidade e a sua maneira particular de sentir e pensar. Porém desenvolver uma mentalidade empática requer paciência, atenção, vontade, esforço e um interesse genuíno pelo outro. É necessário silenciar nossa mente e nossos pensamentos, para que sejamos capazes de perceber o que acontece ao nosso redor, em uma realidade diferente da nossa.

Cultivar a empatia é saber conviver respeitando e aceitando as diferenças – o que é fundamental para mantermos a harmonia nos relacionamentos e, mais do que isso, para que possamos aprender, ampliar nossa visão de mundo, crescer e evoluir.

Existem dois tipos de empatia, ambas fundamentais para uma comunicação assertiva: a empatia cognitiva e a empatia afetiva.

A **empatia cognitiva** é a habilidade de entender os pensamentos, ideias e crenças do seu interlocutor. É preciso visitar a mente do outro para ter a chance de expandir a própria mente e, dessa forma, enxergar a realidade com uma perspectiva mais ampla e realista do que a sua. É um exercício que permite perceber a situação a partir do ponto de vista do outro e, mesmo que não concorde, você respeita, possibilitando um diálogo com mais compreensão e conexão.

A **empatia afetiva** é a habilidade de compreender os sentimentos e perceber a emoção do outro. Por exemplo, quando você percebe que uma colega nova de trabalho está nervosa antes de uma apresentação, quando percebe que seu chefe chega irritado no trabalho porque seu time favorito perdeu o campeonato, ou quando precisa dar um *feedback* negativo a um funcionário e descobre que o filho dele está hospitalizado, então decide adiar esse *feedback* para outro momento mais adequado. Essa percepção é a empatia afetiva presente dentro de cada um de nós. Para desenvolvê-la, não precisa sentir exatamente o que o outro está sentindo, basta perceber.

A empatia permite construir diálogos mais saudáveis e relacionamentos mais harmônicos, profundos e verdadeiros, estabelecendo vínculos mais poderosos com as pessoas. Mas para que isso aconteça, você precisa desenvolver alguns hábitos e atitudes, como:

- Criar uma atmosfera adequada para gerar empatia. Deixe a outra pessoa confortável para se expressar, sem cobranças ou críticas. Ouça com interesse e atenção;
- Observar bem as pessoas com quem se relaciona e as emoções delas. Procure entender o que o outro quer realmente transmitir com aquilo que ele diz ou faz;
- Observar mais o outro em vez de focar somente na sua fala e no seu pensamento. Procure descobrir o porquê de a pessoa agir de determinada maneira. Pergunte muito, tanto quanto possível sem ser invasivo, escutando atentamente cada resposta. Sinta o que incomoda aquela pessoa e descubra quais são as necessidades dela naquele momento;
- Muito cuidado ao julgar outro. Afinal somente ele sabe onde o sapato aperta. O seu julgamento apenas vai afastá-lo, dificultando o diálogo e a recepção da sua mensagem.

Segundo o psicólogo americano Marshall Rosemberg, criador da Comunicação não-violenta (CNV), existem alguns padrões automáticos que bloqueiam a empatia como, por exemplo:

- **Aconselhar:** *"Acho que você deveria... Por que você não fez assim?" (só dê conselhos se o outro pedir abertamente);*
- **Competir pelo sofrimento:** *"Isso não é nada, espere até ouvir o que aconteceu comigo...";*

- **Educar:** *"Isso pode acabar sendo uma experiência muito positiva, se você aprender e não repetir..."*;
- **Consolar:** *"Não foi culpa sua, você fez o melhor que pode"*;
- **Encerrar o assunto:** *"Fica tranquilo, vai passar"*;
- **Fazer um interrogatório:** *"Mas como? Quando? Por quê?..."*;
- **Corrigir:** *"Não acho que foi assim que aconteceu..."*;
- **Criticar, julgar:** *"Como você pode discutir com o seu chefe? Como você perdeu a cabeça, isso não pode acontecer!"*;
- **Minimizar ou banalizar:** *"Não é para tanto...que exagero, você está fazendo tempestade em copo d'água"*.

Infelizmente, hoje muitas pessoas vivem com foco somente em si mesmas, enclausuradas no seu mundo, preocupadas somente com seus problemas e suas necessidades, sem perceber a realidade que o outro vive. E isso gera, na maioria das vezes, brigas, discussões improdutivas e soluções parciais das dificuldades a serem enfrentadas em um grupo.

Um gestor sem uma mentalidade empática, por exemplo, terá dificuldades em criar vínculos, oferecer apoio e estabelecer uma relação de confiança com os membros da sua equipe. Um vendedor sem empatia não conseguirá enxergar o que o cliente realmente precisa e poderá, consequentemente, deixá-lo insatisfeito.

Nós, seres humanos, somos fisicamente equipados para sentir empatia, pois possuímos no cérebro os neurônios-espelho. Mas é preciso exercitar a empatia, pois assim como um músculo pode atrofiar quando não utilizado, a empatia também pode "enfraquecer" se não for estimulada.

Proponho a você fazer agora alguns exercícios para trabalhar a empatia.

1) Primeiro, pense sobre as três questões abaixo:
- Você é a favor ou contra o desarmamento?
- Você é a favor ou contra a pena de morte?
- Você é a favor ou contra o aborto?

Esses são temas polêmicos que costumam gerar muitas discussões entre as pessoas.

2) Escolha um deles para defender seu ponto de vista, escrevendo três argumentos que embasem e sustentem a sua visão:

1. _____
_____
_____

2. _____
_____
_____

3. _____
_____
_____

3) Na sequência, coloque-se no lugar de outra pessoa que pense diferente de você e escreva a seguir três argumentos que são contrários à sua ideia inicial, e nos quais ela acredita:

1. _____
_____

2. _____

3. _____

Conseguiu? Como se sentiu quando se colocou no lugar do outro? Foi difícil? Percebeu facilidade ou dificuldade no momento de pensar e escrever argumentos que outras pessoas defendam e você não? Pense nisso.

Vamos exercitar mais a empatia?

Agora pense numa situação que vivenciou e que o tenha deixado muito indignado ou decepcionado. Pegue papel e caneta e escreva tudo o que você sentiu e pensou naquele momento, descrevendo em detalhes a situação.

O próximo passo do exercício agora é assumir o papel da outra pessoa, aquela que gerou o desconforto. Descreva a situação do ponto de vista dela, escreva o que essa pessoa sentiu e pensou sobre você e sobre o que aconteceu.

Eu já realizei este exercício com vários alunos e clientes nos cursos de Comunicação Assertiva, *Feedback* e Comunicação Empática, e ouvi inúmeros relatos de pessoas que se surpreenderam ao relembrar uma situação de estresse se colocando no lugar do outro e perceberam como o outro pode ter se sentido ou que pode ter passado pela cabeça dele. Lembro-me de uma aluna que relatou uma discussão que teve com o filho e eles ficaram dois anos sem se falar. Após o exercício, depois de perceber o que tinha motivado o filho a gritar com ela, disse: "Se fosse hoje, com essa percepção, a minha reação seria outra completamente diferente".

Uma das melhores formas de exercer a empatia nas suas relações pessoais e profissionais é escutar ativamente o outro. Falaremos mais sobre a escuta ativa e empática no próximo capítulo.

CAPÍTULO 9
ESCUTA ATIVA

9

ESCUTA ATIVA

É PRECISO ESCUTAR
É preciso escutar
Escutar com o coração
É preciso respeitar
Para mantermos uma boa relação
É preciso dialogar
Para ampliarmos nossa percepção
É preciso mediar
Para juntos construirmos uma solução
(Érika Barbosa de Carvalho)

Começo este capítulo compartilhando com você uma poesia escrita por uma aluna muito querida, Érika Barbosa de Carvalho, advogada e mediadora, após realizar o curso de comunicação assertiva.

A comunicação assertiva pressupõe diálogo, respeito e compreensão, e isso só é possível por meio de uma escuta ativa e empática. Se quiser influenciar pessoas, antes de mais nada precisa saber o que elas pensam, ouvindo com interesse e atenção. O grande problema hoje é que as pessoas não escutam para compreender o outro, mas apenas para responder ou rebater o que foi dito.

No seu caso, você consegue, em uma conversa:

- Ouvir ativamente os outros?
- Fazer as perguntas que são importantes?
- Identificar conflitos subjacentes?
- Identificar o que o outro pensa e sente enquanto ele fala?
- Perceber e contornar as barreiras de comunicação?
- Esclarecer e confirmar mensagens confusas?

Em geral, a dura realidade é que:

- Nós nem sempre ouvimos o que o outro fala;
- Ouvimos o que o outro não está dizendo;
- Ouvimos somente o que queremos ouvir, numa percepção seletiva;
- Ouvimos o que já imaginávamos o que o outro falaria;
- Ouvimos só o que não queremos ouvir ou...;
- Simplesmente não ouvimos.

Achamos que somos bons ouvintes, porém, em vários momentos, somos "surdos funcionais", quando mesmo não tendo nenhuma deficiência orgânica de audição, não escutamos genuinamente o outro. A verdadeira escuta não depende somente dos ouvidos, mas da nossa mente. Uma mente interessada compreende profundamente o que os ouvidos escutam. Ela está sempre aberta e é capaz de ouvir opiniões, mesmo quando são diferentes das suas. Uma mente aberta é aquela que desenvolveu a capacidade de captar, compreender e de absorver bem a informação, para somente depois interpretá-la. Porém, geralmente, enquanto ouvimos, ficamos muito focados nas nossas ideias, crenças, preconceitos e julgamentos, o que nos impede de crescer e expandir nossa mente.

Confira, a seguir, algumas atitudes que nos tornam "surdos funcionais" no dia a dia:
- Falar demais, sem dar espaço nem mostrar interesse pela fala do outro;
- Interrompê-lo no meio da frase;
- Fingir que está ouvindo;
- Achar que já sabe o que o outro vai dizer;
- Discutir mentalmente, julgando, validando ou criticando o que está sendo dito;
- Querer dar sempre a última palavra ou ter sempre uma explicação sobre o que o outro disse;
- Mexer no celular ou no computador durante a conversa;
- Revidar opiniões contrárias ou ideias divergentes, balançando a cabeça, desviando o olhar ou fazendo "caras e bocas";
- Prestar atenção somente às ideias principais, e não aos detalhes.

Provavelmente, ao ler essas atitudes, você tenha se identificado com alguma delas.

Para tornar-se um bom ouvinte, procure desenvolver as seguintes estratégias:

1. Pare, olhe, escute
Quem viaja pelo interior do Brasil e passa pelos trilhos de trem já deve ter se deparado com uma placa que sinaliza essas três palavras. Essa é a primeira regra para ser um bom ouvinte. Pare o que está fazendo, olhe para a pessoa que solicita a sua atenção e escute o que ela tem a dizer. Parece simples e óbvio, mas muitas pessoas não conseguem pôr em prática essas três atitudes simultaneamente. Olhe seu interlocutor nos olhos o

tempo todo. Focalize toda a atenção na pessoa a quem você está escutando. Pare qualquer outra coisa que estiver fazendo. Desligue seu celular ou coloque no modo silencioso. Não seja multitarefa durante a escuta. Ouça cuidadosamente as palavras, mas não deixe de perceber também as emoções e os sentimentos que estão por trás delas. Durante videoconferências, procure manter a sua câmera ligada para demonstrar sua presença e atenção; caso contrário, poderá parecer que você está ausente ou que não está interessado em ouvir o que está sendo dito.

2. Fale menos, preste mais atenção

Lembre-se da frase de Dalai Lama: "Quando você fala, apenas está repetindo algo que já sabe, mas se você escutar, talvez aprenda algo novo."

Essa dica é valiosa para as pessoas prolixas e os "falantes compulsivos". Sabe aquela pessoa que pergunta como você está só para achar uma brecha para ela começar a falar de si mesma, dos seus problemas, como foi o seu final de semana, contar suas viagens? Conversar com pessoas assim acaba sendo uma tarefa extremamente cansativa, maçante, pois temos que assistir a um monólogo chato, que acontece na maioria das vezes sem o nosso consentimento. Você tenta interromper a conversa para trazer um assunto mais interessante, mas logo a pessoa entra no próprio mundo novamente. Chato, não é? A comunicação assertiva é uma via de mão dupla: ora somos ouvintes, ora somos falantes e é preciso saber alternar esses papéis com bom senso e equilíbrio, para que nossas conversas e interações sejam mais agradáveis e produtivas.

Reflita se em alguns momentos você costuma falar demasiadamente e mude esse hábito, pois hoje cada vez menos pessoas se interessam em conversar com pessoas assim. O mundo está em movimento, é dinâmico, e o tempo de cada um é escasso.

3. Evite interromper, deixe a pessoa concluir seu raciocínio

Na ansiedade e na pressa, acabamos atropelando a fala do outro ou completando a sua sentença, no intuito de "agilizar" a conversa, ou talvez por imaginar que já sabemos aonde o colega quer chegar com aquele papo, ou já sabemos o que o cliente reclamará ou solicitará. Você tem esse hábito? Interromper uma pessoa que está falando sugere que não tem tempo, interesse ou paciência para ouvi-la até o fim. Isso não parece desagradável?

4. Em vez de afirmar, pergunte!

Em uma conversa, ao fazer perguntas, você demonstra interesse e consegue esclarecer suas dúvidas. Procure fazer perguntas abertas (Por quê? Como? O quê? Quando? Onde?), que estimulam o diálogo e trazem respostas mais completas.

Durante uma negociação ou argumentação, a habilidade de fazer as perguntas certas ajudará você a elaborar e embasar os seus argumentos, de maneira a focá-los nas expectativas e interesses do seu interlocutor. O momento de dar um *feedback* também exige escutar ativamente o que o outro tem a dizer, questionar e dar espaço para quem está recebendo o *feedback* tenha a oportunidade de falar e apresentar seu ponto de vista.

Um vendedor conseguirá oferecer o produto mais adequado ao seu cliente se fizer as perguntas certas para entender quais as reais necessidades e interesses do outro. Um gestor conhecerá melhor cada membro da sua equipe e saberá quais são as suas dificuldades, perguntando e escutando, em vez de simplesmente despejar informações e diretrizes da empresa.

A escuta ativa é aquela em que você pergunta para ouvir e compreender melhor o outro. Isso gera sintonia, conexão e confiança.

5. Ouça com seu "copo vazio"

Geralmente nossas crenças, críticas e julgamentos nos impedem de ouvir efetivamente o outro, principalmente quando as opiniões e ideias alheias são divergentes das nossas. Tenha consciência das ideias preconcebidas que podem estar influenciando sua maneira de ouvir.

Se está escutando alguém e sua mente está cheia de pensamentos críticos – como, por exemplo, "que bobagem isso que ele está falando", "estou perdendo o meu tempo com essa conversa", "eu não acredito que estou ouvindo isso", "ela não sabe o que está falando" etc. –, você não está ouvindo o outro, mas sim a própria voz interior.

Abra a sua mente, "esvazie o seu copo", deixe de lado por alguns segundos os seus pensamentos, para que consiga compreender verdadeiramente o outro, aprender algo novo, ter novas ideias, enxergar sob novas perspectivas, ampliar sua mente e sua visão de mundo.

6. Confirme se realmente entendeu, parafraseando

Nem sempre ouvimos e compreendemos exatamente o que foi dito. Muitas vezes interpretamos equivocadamente, gerando ruídos e o famoso "telefone sem fio". Para evitar essas distorções, após ouvir, devolva com as suas palavras o que compreendeu, para confirmar seu entendimento. Use expressões como: "deixa eu ver se eu entendi, o que você necessita é...", "ou seja...", "só para confirmar, o que ficou combinado é que...", "quer dizer então que...", entre outras expressões que o ajudem a validar seu entendimento. Essa atitude é fundamental em todos os momentos de comunicação que você busca resultados como, por exemplo, ao final de uma reunião com o cliente, após delegar tarefas ou alinhar metas com a sua equipe, após um *feedback*, ou uma conversa difícil. Confirmar o seu entendimento parafraseando o outro evita retrabalho e garante a compreensão e o alinhamento de tudo o que foi dito.

Essas atitudes podem parecer óbvias ou banais, mas acredite, fazem toda a diferença na geração de compreensão e conexão entre as pessoas.

Você já percebeu como é difícil ouvir com interesse e atenção pessoas grosseiras ou estressadas? Para profissionais que trabalham em áreas como ouvidoria, SAC (serviço de atendimento ao cliente) ou cobrança, essa é uma realidade comum. Ao atender clientes irritados, estressados e insatisfeitos, a primeira atitude para gerar uma comunicação assertiva é ouvir, deixando o cliente falar tudo o que deseja até que se sinta aliviado. Somente após conseguir "desabafar", é que estará um pouco mais receptivo e em condições de ouvir. Esse tipo de diálogo exige uma atitude silenciosa e focada, na qual se escuta atentamente. Enquanto não controlarmos nosso diálogo interno e prestarmos atenção ao nosso interlocutor, não desenvolveremos a escuta ativa e empática. A atitude de escutar atentamente faz com que a resposta que daremos ao nosso interlocutor ganhe força, pois conseguimos nos embasar no que ele disse. Se não abrirmos nossa mente e nossos ouvidos para escutar atenta e completamente, será difícil dizer ao outro algo que seja válido e que faça sentido para ele.

O perfeito equilíbrio entre saber escutar e saber falar produz o verdadeiro diálogo.

> Quando se joga a bola, quem a apanha deve movimentar-se num ritmo de harmonia com quem lança. De igual modo, nos discursos, há certa harmonia entre aquele que discorre e o ouvinte, se cada um dos dois observa o que lhes compete.
> (MARIA CHRISTINA VIEIRA)

Devemos, portanto, exercitar a habilidade de escutar. É um exercício saudável, enriquecedor e solidário, sobretudo em uma sociedade na qual existem muitas pessoas que precisam ser ouvidas. Somente quando formos capazes de escutar o outro, é que construiremos a ponte e abriremos a porta para uma verdadeira comunicação assertiva.

CAPÍTULO 10
S.E.R. = A FÓRMULA DA EFICIÊNCIA E EFICÁCIA NA COMUNICAÇÃO

10

S.E.R. = A FÓRMULA DA EFICIÊNCIA E EFICÁCIA NA COMUNICAÇÃO

A maior distância entre duas pessoas é o mal-entendido.
AUTOR DESCONHECIDO

- Você costuma falar demais ou "falar pelos cotovelos"?
- Você já falou e foi mal interpretado?
- Você pede uma coisa e as pessoas fazem outra?
- As pessoas frequentemente pedem para você repetir o que disse?

Se você respondeu sim a uma ou mais das perguntas, provavelmente precisa ser mais claro e objetivo na sua comunicação.

Analise o texto abaixo:

O que temos que ter sempre em mente é que a estrutura atual da organização oferece uma interessante oportunidade para verificação dos relacionamentos verticais entre as hierarquias. Essas questões, devidamente ponderadas, levantam dúvidas sobre se a competitividade nas transações comerciais agrega valor ao estabelecimento do levantamento das variáveis envolvidas.

Você conseguiu compreender do que se trata? Sentiu necessidade de reler o texto para entender melhor? Esse é um exemplo de uma mensagem totalmente vaga e confusa.

Eu percebo claramente nos treinamentos que ministro a dificuldade que muitas pessoas têm de expor suas ideias com clareza e objetividade. Muitas são prolixas, falam demais e perdem totalmente o interesse dos seus ouvintes, outras são diretas e objetivas demais, monossilábicas, falam pouco, economizam palavras, e não se fazem entender. Percebo também líderes dando *feedbacks* vagos, usando frases como: "Você está ótimo, siga assim!", "Você precisa se empenhar mais nas suas atividades" ou "Você está deixando a desejar nas suas entregas" que, em vez de ajudar, acabam gerando dúvidas ou interpretações equivocadas; profissionais fazendo apresentações extensas e cansativas, mostrando detalhes completamente desnecessários e perdendo a atenção do público; vendedores oferecendo produtos ou serviços que não são do interesse do cliente, perdendo o foco e, consequentemente, a venda.

A comunicação assertiva não depende só do que você fala, mas de falar o que precisa ser dito, no momento mais oportuno e da forma mais adequada. É preciso perceber o que seu ouvinte já sabe, o que ele ainda não sabe e precisa saber e o que ele quer ouvir (suas expectativas), para conquistar o seu público-alvo.

Quer aprender uma estratégia para atrair e manter a atenção dos seus ouvintes, gerar mais interesse, engajamento, colaboração e conexão? É uma regra de ouro que, ao segui-la, certamente obterá sucesso e melhores resultados nas suas interações.

Essa estratégia costumo chamar de FÓRMULA DA EFICIÊNCIA E DA EFICÁCIA NA COMUNICAÇÃO: "S.E.R."

Lembre-se sempre dessa frase: "A comunicação tem que S.E.R.".

S = Sucinta
E = Específica
R = Relevante

Esses três elementos (ou características) precisam estar combinados entre si e em equilíbrio para gerar bons resultados. Assim como uma fórmula química, um remédio ou uma vacina precisa da "dosagem certa" para ter eficácia, essa fórmula também requer a dose certa desses três "ingredientes", pois caso a dosagem esteja errada, perde seu efeito positivo.

Vamos, a seguir, analisar cada um desses elementos e seus impactos na comunicação.

A comunicação tem que ser <u>SUCINTA</u>

Você já conversou com alguém que fala demais, demora trinta minutos para explicar algo que poderia ser dito em quinze minutos? Ou alguém que repete várias vezes a mesma coisa, "só para não deixar dúvidas". Sabe aquela pessoa que fala "tintim por tintim" e ainda entra em detalhes? O que acontece com sua mente nessas situações? Provavelmente se desinteressa, começa a pensar em outras coisas mais importantes e deixa de prestar atenção nesse tsunami de informações.

Se você costuma falar mais do que as outras pessoas, se sente a necessidade de explicar em detalhes e repetir a mesma informação várias vezes, fique atento! O tempo é um dos bens mais escassos e valiosos no mundo atual. Ninguém mais tem tempo a perder ouvindo pessoas prolixas ou repetitivas, como acontece em reuniões extensas e improdutivas na maioria das empresas.

Se você quer atrair e manter a atenção das pessoas, aqui vai a minha dica:

- Procure ser sucinto e objetivo, mantendo o foco no que é mais importante.
- Evite o excesso de informações e deixe os mínimos detalhes apenas para as situações que exijam esses detalhamentos, ou quando o ouvinte questionar.
- Use frases curtas e com uma sequência lógica de ideias, pois isso também facilitará a compreensão da mensagem e otimizará o tempo de todos.

A comunicação tem que ser ESPECÍFICA

Em um treinamento de comunicação que ministrei para gestores de uma empresa da área da saúde, uma aluna me relatou que ela estava numa reunião com sua equipe para abrir uma área nova de atendimento ao cliente e falou: "Precisaremos de dois monitores. Marcos, você pode providenciar isso?". Marcos disse que sim. Na próxima reunião, segue o diálogo deles:

— *Rejane, os dois monitores já estão na sala nova. (Marcos)*
— *Que ótimo, Marcos! Quem são eles? (Rejane)*
— *Quem são? Como assim, Rejane?*
— *Quem foi selecionado para essa atividade?*
— *Eu tinha entendido que precisaria comprar dois monitores de vídeo novos, não era isso?*
— *Não, Marcos, era para selecionar internamente dois profissionais para trabalharem na função de monitor.*

Aí dá para imaginar o problema decorrente dessa falha de comunicação entre eles, não é mesmo?

Para você falar e ser bem compreendido, sua comunicação precisa ser específica. Mensagens vagas e palavras genéricas geram incompreensão, ruídos e distorções que acabam resultando em atrasos, retrabalho e prejuízos, sem falar do estresse gerado entre as pessoas envolvidas.

Deixe-me contar a pequena história da sopa e os problemas de comunicação, extraída do livro de contos de Jorge Bucay:

Uma senhora estava num restaurante observando com interesse o cardápio e, depois de consultá-lo, resolveu fazer o pedido, solicitando ao garçom uma sopa que pareceu muito saborosa. O garçom, solícito, serviu a sopa, afastando-se em seguida. Quando ele se aproximou novamente, a mulher o chamou com um gesto e rapidamente ele a atendeu.

— *Em que posso ajudá-la, senhora?*

— *O senhor poderia experimentar a sopa, por favor?*

Mesmo descrente diante daquele pedido, o garçom perguntou com amabilidade se havia algo errado com a sopa e se não agradava à cliente.

— *Não é o caso. Por favor, experimente a sopa.*

Raciocinando rapidamente, o garçom em questão de segundos supôs que a sopa estaria fria e não teve dúvidas ao perguntar à mulher, não sem antes desculpar-se pelo ocorrido.

— *Desculpe pela sopa estar fria. Não se preocupe, não há problema algum. Trarei outra...*

— *A sopa não está fria. Você poderia experimentá-la, por favor?*

Não era comum para um garçom experimentar a refeição de um cliente, mas a senhora insistia demais para que ele provasse a sopa. Sem graça, sem saber qual era o motivo para aquele pedido e não sabendo que atitude tomar, por achar ter esgotado todas as suas deduções, resolveu perguntar:

— Se a sopa não está ruim nem fria, diga-me qual é o problema. Se for necessário, posso trazer outro prato de seu agrado.

— Desculpe-me por insistir, mas se você quer saber qual é o problema com a sopa, você deve prová-la.

Diante de tamanha insistência, o garçom se rendeu ao pedido da senhora. Sentou-se à mesa ao lado da mulher e alcançando o prato de sopa, colocou-o na sua frente. Ao procurar uma colher, olhou de um lado para outro, mas... não havia colheres. Antes que pudesse se pronunciar, a mulher declarou:

— Entendeu agora? Falta uma colher. Esse é o problema com a sopa. Não consigo tomá-la.

Esta história mostra como muitas pessoas se comunicam de forma vaga e genérica, fazendo rodeios e não chegando direto ao ponto, achando que os outros vão entender o que dizem ou pensam. Fazem com que a comunicação seja mais complicada e difícil, quando poderia ser bem mais simples. As pessoas não são iguais, pensam e entendem de maneiras diferentes, e o que parece tão simples para uns se torna difícil para outros.

Por exemplo, analise a frase abaixo:

"Existem muitas questões importantes na gestão de projetos que não estão recebendo a devida importância. Tudo isso acaba gerando impactos negativos".

Você percebe que essa mensagem está vaga e genérica? Quais são as questões importantes e quais os impactos?

Veja como fica a mensagem mais específica:

"Existem muitas questões importantes na gestão de projetos, como escopo, prazo e comunicação, que não estão recebendo a devida importância. Tudo isso acaba gerando impactos negativos, como atrasos, retrabalho e insatisfação dos clientes."

A seguir, veja outros três exemplos de mensagens que não dizem exatamente o que se pretende:

Mensagem vaga	Mensagem específica
"Preciso que você melhore esta planilha."	*"Preciso que você melhore esta planilha, coloque os prazos de entrega e os valores de cada produto separados."*
"Preciso desse relatório com urgência."	*"Preciso desse relatório para hoje, às 15h30."*
"Você precisa se dedicar e se envolver mais no projeto."	*"Você precisa participar de todas as reuniões com o cliente e apoiar seus colegas quando eles precisarem da sua ajuda."*

Para falar com mais clareza e ser bem compreendido, eis algumas estratégias e cuidados importantes:

- Use exemplos;
- Faça analogias;
- Traga dados e fatos, evitando informações vagas e genéricas;
- Fale numa linguagem acessível, de fácil entendimento para todos;
- Evite palavras rebuscadas, siglas desconhecidas, jargões, termos muito técnicos ao falar com pessoas leigas no assunto e estrangeirismos (lembre-se de que nem todas as pessoas sabem falar inglês ou outras línguas).

Além dessas estratégias, existe uma regra de outro, muito valiosa, que precisa ter em sua comunicação: FALE O ÓBVIO. Porque o que é óbvio para você nem sempre é óbvio para os outros. Quantas vezes suprimimos informações "óbvias" em nossas conversas? Quantas vezes contamos com que o outro utilize seu repertório "básico" e entenda exatamente aquilo que queremos dizer? Detalhes desvalorizados, especificidades omitidas, palavras suprimidas são informações que não obrigatoriamente fazem parte da experiência do outro, portanto não são óbvias.

Existem diariamente muitos ruídos na comunicação que acontecem porque o óbvio não é dito. Lembre-se: ONDE NÃO HÁ INFORMAÇÃO, ENTRA A IMAGINAÇÃO.

A comunicação tem que ser RELEVANTE

Quem tem um bom porquê, enfrenta qualquer como.
VIKTOR FRANKL

Você já solicitou algo para alguém e essa pessoa disse que faria e não fez? Ou atrasou, não se dedicou tanto quanto você gostaria, fez de qualquer jeito, sem capricho, ou não deu a prioridade necessária?

Se percebe que o que você fala não reverbera tanto nas pessoas ou parece não ter o impacto que gostaria, preste muita atenção nesse terceiro "ingrediente" da fórmula S.E.R.: a relevância.

Se o que você deseja é envolver mais as pessoas nas ações necessárias, obter mais colaboração, engajamento e motivação, inspirar e influenciar mais sobre o que está falando, procure mostrar a relevância do que está sendo dito, qual é a importância, o impacto, qual é o propósito daquilo que está sendo apresentado. Diga o "porquê".

Por exemplo: imagine que você é um engenheiro gestor de fábrica e percebe que a sua equipe não está usando corretamente os EPIs (Equipamentos de Proteção Individual), que são de uso obrigatório. Você se reúne com todos e diz:

"Pessoal, é obrigatório usar os EPIs durante toda a jornada de trabalho. Existe uma lei que precisamos cumprir, e a empresa exige isso, ok? Não tem conversa!"

Em vez de "mandar" todos os funcionários da fábrica usarem os equipamentos de proteção individual, sem dar muita explicação, você pode passar essa instrução explicando para os funcionários os benefícios do uso ou as consequências da falta de uso deles. Por exemplo:

"Pessoal, é muito importante que todos usem os equipamentos de proteção individual durante toda a jornada de trabalho, para garantir a segurança e a saúde de vocês. A lei existe para proteger a integridade física de vocês, e nos preocupamos muito com isso. Se vocês não usarem, poderão sofrer um acidente que vai prejudicar a vida de vocês ou até mesmo ser fatal."

Ao solicitar uma entrega dentro do prazo combinado, se você explicar a importância e o motivo do cumprimento desse prazo ou o impacto de um atraso, seu funcionário terá mais consciência e se esforçará mais para conseguir agilizar a entrega. Em vez de dizer: "Eu preciso desse material para hoje impreterivelmente às 15h", diga: "Eu preciso desse material para hoje, às 15h, pois o cliente virá aqui na empresa nesse horário somente para aprová-lo. Caso o material não esteja pronto, o cliente perderá a viagem e ficará insatisfeito".

Todo o *feedback* também precisa ter relevância. Em vez de falar: "A planilha enviada para o cliente era de outra empresa. Isso não pode acontecer novamente, você precisa prestar mais atenção ao enviar os anexos", mostre a relevância e o impacto: "A planilha enviada para o cliente era de outra empresa. Isso, além de gerar atraso, acabou expondo informações sigilosas do outro cliente. Podemos até sofrer um processo com isso. Como podemos evitar que isso aconteça novamente?".

Você já parou para pensar que muitos profissionais sabem o que eles fazem, sabem explicar como fazem, mas muitos desconhecem o porquê? Qual a motivação de alguém que precisa conferir trezentas notas fiscais por dia, se não sabe o porquê, a importância e o impacto da sua atividade? Se tiver noção de que o seu trabalho garante ou evita, provavelmente trabalhará mais engajado, inspirado e motivado.

Ao falar, tenha um bom "PORQUÊ".

O especialista em liderança, Simon Sinek, criou um conceito chamado "GOLDEN CIRCLE", ou Círculo Dourado, para ajudar as empresas e as pessoas a se tornarem mais inspiradoras e criarem mais impacto. Sinek escreveu o livro *Comece pelo porquê (Start with Why)* para apresentar esse novo modelo e explicar por que algumas organizações e líderes são capazes de nos inspirar, e outros não. Segundo ele, os líderes e organizações que mais geram inspiração têm um elemento em comum: todos pensam, agem e comunicam de dentro para fora do círculo.

O *Golden Circle* é um método de pensar, agir e comunicar que gera mais motivação, engajamento e inspiração. Portanto lembre-se de sempre mostrar a RELEVÂNCIA na sua fala.

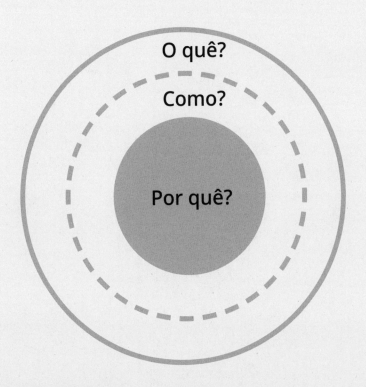

CAPÍTULO 11
A ESCOLHA DAS PALAVRAS E O USO DA LINGUAGEM POSITIVA

11

A ESCOLHA DAS PALAVRAS E O USO DA LINGUAGEM POSITIVA

A palavra, como o ser humano, constrói ou destrói, incentiva ou desanima. Livres, podemos manipulá-la para a direita ou para a esquerda. Como engenheiros do otimismo ou como coveiros de alegrias alheias. Comunicamos o que somos e somos o que comunicamos.
PE. ROQUE SCHNEIDER

As palavras que usamos determinam a qualidade dos nossos sentimentos, relacionamentos, ações e resultados. Acredito que o mundo seria melhor e as pessoas mais felizes se aprendêssemos a falar mais sobre o que está certo do que sobre o que está errado, se houvesse mais elogios do que críticas, mais agradecimentos e menos reclamações. Porém vivemos imersos numa cultura de negatividade, que valoriza mais as notícias ruins do que os bons acontecimentos. Basta ligar a TV para perceber que os noticiários dão enfoque às tragédias e aos problemas, ao invés de mostrar as notícias boas, as conquistas e ações positivas. Sem nos darmos conta, nos deixamos infectar e depois nos tornamos "portadores" desse comportamento, lamuriando, reclamando, resmungando, criticando ou lamentando.

A nossa educação por muito tempo foi baseada no foco negativo, com os pais usando a linguagem negativa com seus filhos:

"não teima", "não grita", "não sai daqui" – ao invés da linguagem positiva: "obedeça", "fale mais baixo", "fique aqui". Esse padrão de comunicação ao qual fomos submetidos desde a nossa infância criou padrões de pensamento e linguagem negativos que usamos até hoje, nos relacionamentos pessoais e profissionais, e na maior parte do tempo não temos consciência disso.

A boa notícia é que essa realidade está mudando, graças a estudos em diversas áreas como, por exemplo, a Educação Positiva e a Psicologia Positiva, que vem demonstrando e comprovando cientificamente a efetividade do enfoque positivo para a geração de mudanças significativas na vida das pessoas.

David A. Snowdon, neurocientista e professor na University of Kentucky, com base em suas pesquisas, afirma: "Se você usar uma linguagem positiva, viverá mais tempo e poderá atingir metas que outros, nas mesmas circunstâncias, não seriam capazes de alcançar".

O filósofo espanhol Luis Castellanos, autor dos livros La Ciencia del Lenguaje Positivo e Educar en Lenguaje Positivo, e sua equipe da consultoria El Jardín de Junio têm trabalhado com essas premissas há anos. Eles argumentam que, aprendendo a identificar as palavras que ativam positivamente nosso cérebro, temos mais chances de sucesso. "Temos demonstrado cientificamente que expressões como 'confiar em você' ou 'genial' são capazes de influenciar nosso cérebro e conseguir que esse reaja mais rapidamente e aumente seus recursos. Devemos ter cuidado com o que dizemos para nós mesmos e para os outros, porque as palavras produzem resultados e mudam nossa percepção e comportamento".

Conforme apregoam as escrituras:

...Tudo o que é verdadeiro, tudo o que é nobre, tudo o que é justo, tudo o que é puro, tudo o que é amável, tudo o que é de boa fama, tudo o que é virtuoso e louvável, eis o que deve ocupar nossos pensamentos. (FILIPENSES 4:8)

Analise as frases abaixo e perceba a diferença do enfoque negativo x positivo:

Negativo	Positivo
Desculpe pelo atraso.	*Obrigada por ter esperado.*
Desculpe por ter falado muito.	*Obrigada por me ouvir.*
Desculpe te incomodar com isso.	*Obrigada por me ajudar.*
Desculpe gastar seu tempo.	*Obrigada por passar um tempo comigo.*

Linguagem positiva

A linguagem positiva pode e deve ser usada para:

1. Encorajar;
2. Agradecer;
3. Valorizar;
4. Estimular;
5. Engajar;
6. Celebrar;
7. Reconhecer;
8. Enaltecer;
9. Motivar;
10. Inspirar;

11. Elogiar;
12. Parabenizar;
13. Comemorar;
14. Conectar;
15. Encantar.

Olhando para essa lista, você reconhece essas ações como hábitos no seu dia a dia? Você foca seus pensamentos na positividade ou negatividade? Se considera otimista ou pessimista? Suas palavras valorizam ou desvalorizam? Engajam ou desencorajam quem está a sua volta? Fortalecem ou enfraquecem suas ações e seus resultados?

Em um treinamento para a área de TI de uma empresa, solicitei a cada participante que falasse sobre o seu trabalho. Um deles disse: "O meu trabalho é resolver o problema dos outros", enquanto outro colega falou: "O meu trabalho é oferecer soluções para as pessoas", sendo que ambos realizavam as mesmas tarefas no dia a dia. Você percebe a diferença na fala deles?

Em um curso de oratória que ministrei, uma das participantes falou que sua expectativa com o curso era "descobrir seus erros e dificuldades de comunicação", enquanto outra pessoa falou que esperava "descobrir como melhorar a sua comunicação e ter mais sucesso". Qual das duas você imagina que teve mais êxito na vida até aquele momento?

Em certa ocasião, eu estava em uma loja comprando um liquidificador, quando ouvi uma cliente reclamando de algo com o atendente, que disse: "vou chamar a gerente para verificar o seu problema". Ao chegar, a gerente falou: "me explique exatamente o que aconteceu que nós vamos achar uma solução". Obviamente, o que a cliente queria é que achassem uma solução, em vez de apenas "verificar o problema".

Para tudo o que é dito existem maneiras positivas, neutras e negativas de se expressar, valorizando ou desvalorizando as suas ideias. Veja estes exemplos:

- Vendo brigadeiro x vendo brigadeiro "gourmet";
- Objeto antigo x relíquia;
- Barato x econômico;
- Encargos x taxa de adesão.

Quando aprendemos a nos comunicar, interna e externamente, de maneira positiva, geramos sentimentos mais positivos e, assim, comportamento mais adequados. Você precisa sistematicamente perceber as palavras que usa no seu dia a dia mudando e gerenciando sua intensidade emocional. Dizer "eu odeio isso" gera estados emocionais profundamente negativos e limitantes. Experimente mudar o "eu odeio" por "eu prefiro" e perceba a diferença (ex.: eu odeio acordar cedo x eu prefiro acordar tarde).

Se você precisa dar *feedbacks*, use a linguagem positiva, foque na solução ao invés de focar no problema. Em vez de dizer: "Você está muito lento nas suas entregas", diga: "Você precisa agilizar suas entregas.". Em vez de dizer: "Você está desatento", diga: "Você precisa prestar mais atenção".

Manter o foco positivo nos pensamentos e nas palavras gera ações mais assertivas, facilita os diálogos, promove mais colaboração e menos resistência. Que tal tentar?

Experimente trocar:

- Estou com dificuldade para me concentrar = Meu DESAFIO é me concentrar mais;
- Discordo de você = Eu PENSO DIFERENTE;
- Precisamos evitar o desperdício = Precisamos ECONOMIZAR mais;
- Não podemos deixar os clientes insatisfeitos = Precisamos deixar os clientes mais SATISFEITOS, precisamos ENCANTAR nossos clientes;
- Você esqueceu o que combinamos? = Você LEMBRA o que combinamos?;
- Você é muito individualista = Precisamos da sua COLABORAÇÃO;
- Não precisamos de uma política tão rígida = Precisamos de uma política mais FLEXÍVEL.

Em vez de dizer: "Você me mandou o documento errado", diga: "O documento que eu preciso é a cópia da nota fiscal".

Não foque no problema, foque na solução!

Além das palavras positivas, o uso de expressões de impacto também é muito útil e importante para valorizar o assunto e gerar maior interesse do ouvinte. Vejam estes exemplos:

- É fundamental;
- É essencial;
- É crucial;
- É imprescindível;
- É primordial;
- É vital;
- É importante.

Em vez de falar: "Você tem que manter o contato com esse cliente...", diga: "É fundamental manter o contato com esse cliente...".

Em vez de falar: "Você deve enviar o e-mail ainda hoje", diga: "É imprescindível que você envie o e-mail ainda hoje".

Usar um vocabulário positivo e de impacto aumentará a efetividade da sua comunicação. As palavras têm força e poder: falar "buscar a excelência" é mais forte do que dizer "ser bom no que faz"; a expressão "integridade absoluta" é mais eficaz do que dizer apenas "ser correto"; ser "impecável" é mais do que apenas ser "bem-feito".

Lembre-se de que as palavras podem criar pontes ou muros na sua comunicação. Selecionando palavras mais positivas e assertivas, você gerará maior interesse e atenção do seu ouvinte e obterá melhores resultados.

Como dizia Mahatma Gandhi, "mantenha seus pensamentos positivos, porque seus pensamentos tornam-se suas palavras. Mantenha suas palavras positivas, porque suas palavras tornam-se suas atitudes".

Trago aqui uma parábola que ilustra o uso e o impacto da linguagem positiva:

O valor das palavras certas

Um rei, já idoso, manda vir um velho profeta para predizer seu futuro.

Após consultar o oráculo, o vidente, muito contrariado, diz ao rei que, desgraçadamente, vislumbra-lhe um futuro terrível:

— Enterrarás, majestade, um a um, todos a quem ama.

O soberano, insultado, manda que exponham e torturem na porta do castelo, até a morte, o sábio agourento.

Desconfiado das palavras malignas, manda vir de terras

distantes outro profeta, agora um jovem de recente fama. Ao ser questionado, o visionário, esperto, afirma euforicamente:

— Majestade! Boas são as novas! Terás uma vida muito longa! És tão saudável e vigoroso que sobreviverá a todos de tua família!

O rei, aliviado, dá ao jovem, como gratidão, mil moedas de ouro.

Ao deixar o castelo, encontra-se o sábio felizardo com o velho profeta torturado. Este murmura:

— Que mentira disseste ao rei para merecer dele tantas glórias e gratidão?

O jovem, compadecido, reproduz fielmente as palavras de sua profecia.

Depois de ouvir tudo, o velho estarrecido balbucia suas últimas palavras:

— Mas tu disseste exatamente o mesmo que eu!

O novo profeta do reino diz, então: sendo você de todos os sábios o mais sábio deveria saber que não importa o que se diz, mas como se diz!

Barreiras verbais

Por outro lado, existem palavras ou expressões que são consideradas "barreiras verbais", pois prejudicam a qualidade e a eficácia da sua comunicação, além de gerar impressões negativas. As barreiras verbais merecem atenção e cautela. Veja alguns exemplos:

Uso de expressões que transmitem insegurança e desvalorizam suas ideias

"Eu acho que..., é mais ou menos assim..., talvez quem sabe..., assim óh..., vou tentar explicar...". Troque o "eu acho" por "eu acredito", "eu penso", "na minha opinião". E para transmitir mais segurança e convicção, as expressões "com certeza", "certamente", "sem dúvida" são mais efetivas.

Uso excessivo de gírias

Principalmente no ambiente empresarial, o uso de gírias pode demonstrar falta de profissionalismo. Imagine um funcionário falando para o cliente: "Fica frio que não vai dar nada", ou "tá ligado que o seu prazo vence hoje?". Se ele disser "fique tranquilo, vai dar tudo certo" ou "é importante lembrar que o seu prazo vence hoje," demonstrará mais seriedade e profissionalismo.

Uso excessivo de jargões, siglas e termos técnicos para um público leigo no assunto

Isso dificulta a compreensão. Se eu disser para você que é importante trabalhar a sua "coordenação pneumofonoarticulatória, ou que faz "ataques vocais bruscos", terá dificuldade para compreender a mensagem, a não ser que você seja fonoaudiólogo.

Eu lembro que, quando estava grávida, liguei para agendar uma ecografia e a atendente fez várias perguntas para preencher o meu cadastro, dentre elas: gravidez gemelar? Não entendendo, eu disse: "Como? e ela fez a pergunta de outra forma: feto único? Também não compreendendo de imediato, pensei alguns segundos até cair a ficha. "Ah sim, não são gêmeos", respondi. Sendo assim, analise o seu público e procure usar uma linguagem mais acessível e compreensível a todos.

Uso de palavras difíceis e rebuscadas

Podem transmitir a impressão de que você é arrogante ou que quer demonstrar superioridade, além de dificultar a compreensão da mensagem. Já atendi clientes da área do direito que confessaram usar o dicionário para "decifrar" o que estava escrito nos processos, pelo uso do famoso "juridiquês" de alguns colegas que ainda acreditam que essa linguagem demonstra conhecimento e autoridade.

Uso de gerundismo

O uso inadequado do gerúndio é comum, especialmente em *telemarketing*, porém muito criticado. Por exemplo: "vamos estar verificando", "vou estar lhe enviando", "vamos estar resolvendo o seu problema". Além de ser motivo de chacota, ele transmite a impressão de "enrolação", pois demonstra uma ação em andamento que não tem prazo determinado para acabar (você vai estar verificando até quando? Pode durar um minuto, uma hora ou um mês...).

Uso de estrangeirismos

Nem todas as pessoas sabem falar outra língua e ficam constrangidas quando ouvem uma expressão que desconhecem. Costumo dar muitos treinamentos em empresas multinacionais e percebo que os profissionais que costumam se comunicar no dia a dia com equipes de outros países, principalmente falando inglês, tendem a perder a fluência da sua língua materna, o português. "Vamos fazer um *benchmarking* e passar para os nossos *stakeholders* como fazer um *follow-up* mais adequado dos nossos projetos. Afinal é fundamental acompanhar as *sprints* para depois podermos reportar ao *headquarter*".

É fundamental que você sempre identifique o nível de conhecimento e o perfil do seu público, para adequar a sua linguagem a todos. Usar um vocabulário muito técnico com um público leigo será um fracasso, nesse caso o ideal é usar um vocabulário mais simples e acessível para que todos compreendam. Por outro lado, deixar de usar termos técnicos ao falar com pessoas com o mesmo nível técnico que você pode passar a impressão de falta de conhecimento e competência.

É necessário, conscientemente, escolher bem as palavras para obter os melhores resultados.

Existe também uma palavra forte e negativa, que muitas vezes necessita ser dita, mas que gera muita resistência e deixa muitas pessoas desconfortáveis: a palavra NÃO.

Você sabe dizer não?

Eu percebo três formas diferentes e pouco assertivas de dizer "não":

1. Falar "não" sem muita explicação, sem dó nem piedade, de forma automática, autoritária e muitas vezes desnecessária. É o famoso "não, porque não". As pessoas que fazem uso do não "curto e grosso" geralmente são vistas como intransigentes, com má vontade e pouco colaborativas, e recebem bem menos apoio do que poderiam, quando obtêm.

Por exemplo: "Posso sair mais cedo hoje? Não tem como, impossível."

2. Ficar "em cima do muro". Mesmo quando a resposta é não, algumas pessoas não querem se indispor ou não sabem dizer "não" e acabam se esquivando, "passando o abacaxi" para o colega, adiando a resposta negativa e gerando uma falsa expectativa. Lembre-se de que, quanto maior for a expectativa, maior será o tombo quando o "não" chegar. Saiba que é melhor ser sincero, demonstrando empatia e transparência, do que "enrolar" a outra pessoa.

Por exemplo: "O produto será entregue no prazo combinado? Acho que sim, vamos fazer o máximo para que isso aconteça." (Se você sabe que atrasará, passe a informação correta para que a pessoa possa se preparar).

"Você pode me dar um desconto maior e dividir em cinco parcelas ao invés de três? Talvez, vou falar com o meu supervisor para ver se não terá problema." (Em vez de dar uma resposta evasiva, apresente a sua sugestão ou alternativa).

3. Não conseguir dizer "não". Ou seja dizer sim para tudo. Por necessidade de serem aceitas, por medo de não serem bem-vistas ou até mesmo de magoar o outro, muitas pessoas querem "abraçar o mundo", contentar a todos, e dessa forma acabam se sobrecarregando com atividades extras desnecessárias, prejudicando sua qualidade de vida e seu trabalho.

Se você se identifica com alguma dessas situações, saiba que é possível superar essas dificuldades e aprender a dizer o "NÃO" ASSERTIVO, colocando limites sempre que necessário. Para isso, existem três elementos que precisam estar presentes na sua resposta negativa:

EMPATIA + EXPLICAÇÃO + SUGESTÃO

1º. Demonstre empatia: use expressões que demonstrem que compreende a necessidade do seu interlocutor como, por exemplo, "eu entendo a sua urgência...", "eu entendo a sua situação...", "eu gostaria muito de poder ajudá-lo...", "infelizmente...", "se fosse possível, eu faria...", "eu compreendo a sua necessidade...", dentre outras. O importante é que você demonstre sinceridade ao falar e seja realmente empático.

2º. Justifique / explique o porquê: apresente argumentos que embasem o "não", que deixem claro o motivo e que existe uma razão para você negar o pedido, que não é má vontade sua.

Por exemplo: "Não podemos enviar o material agora (10h) porque o *motoboy* começa a realizar as entregas a partir das 14h".

Além de uma explicação clara e coerente, outra estratégia que pode ajudar você aqui nessa etapa é mostrar as consequências negativas caso aceitasse o pedido. Por exemplo:

"Se eu enviar hoje a planilha para você, vai gerar retrabalho posteriormente (consequência negativa), pois ela está incompleta e você terá que analisar tudo novamente com os dados atualizados na semana que vem. Prefiro enviar na semana que vem a planilha completa e revisada."

3º. Dê uma sugestão: muitas vezes existem alternativas que podem ajudar a resolver o problema ou a necessidade do seu interlocutor. E mesmo que a pessoa não aceite suas sugestões, apresentá-las demonstrará que você está tentando ajudar.

Analise o exemplo abaixo:

Um funcionário pede ao gestor para tirar férias em janeiro. O gestor poderia falar: "Nem pensar! Você quer deixar todo mundo na mão justamente quando temos menos pessoas trabalhando no setor?"

Usando a estratégia do "Não" Assertivo, a resposta seria diferente:

"Entendo que você queira tirar férias com a sua família em janeiro, pois é o período de férias dos seus filhos. E você realmente merece um tempo para descansar (EMPATIA). A questão é que dois colegas seus já tinham solicitado em agosto tirar férias em janeiro e só ficaremos com três pessoas no setor para realizar todo o trabalho (JUSTIFICATIVA). Por isso é muito importante que você esteja aqui neste período. O que podemos combinar é você tirar férias em fevereiro ou julho, o que você acha? E para o próximo ano podemos combinar com mais antecedência para que possamos achar uma solução que fique boa para todos (SUGESTÃO)."

Saber dizer não no momento certo, da forma mais assertiva e adequada, ajudará você a priorizar o que realmente é importante, a impor limites quando necessário e a se libertar de velhos hábitos e ações que impedem seu crescimento ou que não contribuem para o seu bem-estar e sucesso. Aprender a dizer o "Não assertivo" é libertador, experimente! Sugiro que você escreva e tenha sempre por perto a estratégia do "NÃO ASSERTIVO".

ESTRATÉGIA DO "NÃO" ASSERTIVO:

1 – DEMONSTRAR EMPATIA;
2 – JUSTIFICAR / EXPLICAR O PORQUÊ / ARGUMENTAR;
3 – OFERECER UMA SUGESTÃO OU ALTERNATIVA.

Melhorar seus diálogos internos e externos, pensando e falando de forma positiva e consciente, e seguir as estratégias demonstradas neste capítulo definitivamente farão muita diferença, levando a sua vida, seu trabalho e seus relacionamentos a um patamar mais elevado.

Parafraseando Victor Hugo, "as palavras têm a leveza do vento e a força da tempestade", portanto use-as com sabedoria.

CAPÍTULO 12
ARGUMENTAÇÃO

12

ARGUMENTAÇÃO

O objetivo da argumentação, ou da discussão,
não deve ser a vitória, mas o progresso.
JOSEPH JOUBERT

Você já teve uma discussão na qual não conseguiu se posicionar como gostaria?

Você já perdeu uma oportunidade porque não conseguiu defender bem as suas ideias e vender bem o seu peixe?

Todos os dias passamos por situações nas quais precisamos argumentar e convencer o outro, seja no trabalho, com clientes, colegas ou com o chefe, em casa, com filhos, marido, esposa etc. A argumentação está presente diariamente nas nossas vidas. Argumentar é uma habilidade necessária toda vez que você precisa defender o seu ponto de vista, vender uma ideia, influenciar o outro para que pense ou faça o que se espera dele e que seja bom para todos.

Você já percebeu como tem pessoas que, durante uma conversa ou discussão, costumam atacar a ideia dos outros ao invés de defender as suas ideias? Talvez elas pensem no ditado popular: "a melhor defesa é o ataque". Quando você está num jogo para derrotar o seu "adversário", essa pode ser uma estratégia boa. Porém, na comunicação, quando busca um consenso, quando deseja ganhar aliados, conquistar a atenção e o interesse dos seus ouvintes, vender seu produto ou serviço, chegar a uma solução "ganha-ganha" ou gerar um diálogo respeitoso e produtivo, ao invés de partir para o ataque, tenha bons argumentos e aprenda a defendê-los.

Antônio Suárez Abreu, em seu livro *A arte de argumentar – Gerenciando razão e emoção*, afirma que "Argumentar é a arte de convencer e persuadir." Eis aqui duas estratégias poderosas de argumentação: convencimento e persuasão.

Você sabe qual é a diferença entre convencer e persuadir? Pare durante um minuto para refletir sobre isso. Eu percebo que não está claro para a maioria das pessoas essa diferença; muitas têm a ideia distorcida de que persuadir é coagir, manipular, induzir ou ludibriar o outro. A diferença é que o convencimento é uma estratégia racional e a persuasão é uma estratégia emocional. Suárez explica que, enquanto convencer está no campo das ideias, persuadir é falar à emoção do outro.

Convencer é trazer argumentos baseados na razão, buscando uma igualdade de pensamento por meio de uma estratégia lógica e racional que fará sentido para o outro. Quando convencemos alguém, esse alguém passa a pensar como nós. O convencimento permite que você mude de ideia, transmite confiança e uma sensação de segurança, pois tem um embasamento, um respaldo "teórico". Ao convencer alguém, você ativa o lado esquerdo do cérebro fazendo a pessoa raciocinar e analisar o que está sendo dito, concordando com você.

Por exemplo, você deseja implementar um novo sistema na sua área, porém o custo é muito alto e você precisa vender a ideia para seu chefe, que é engenheiro e demonstra ser uma pessoa bastante racional. Nesse caso, se não "provar" com números, dados e informações concretas as vantagens desse novo sistema como, por exemplo, a automatização de processos, a maior agilidade e a redução de custos que ela trará, será difícil convencê-lo, mesmo que você esteja convicto de que esta é a melhor decisão a ser tomada naquele momento.

Já a persuasão sensibiliza o seu interlocutor, ativando emoções que o impulsionam à ação, à tomada de decisão. Para fazer sentido tem de fazer sentir. A persuasão é como uma faísca que acende uma chama, uma energia que contagia e desperta sentimentos no seu interlocutor, mudando a química do seu corpo. Você sente isso, por exemplo, quando está diante de uma oferta que está prestes a acabar ("último dia de promoção") - o que aumenta o seu desejo e ativa o medo de você perder a "última oportunidade". Imagino que alguma vez na vida você tenha comprado algo no calor da emoção e depois, quando chegou em casa, percebeu (ao analisar "friamente" a situação) que aquela compra foi desnecessária, ou não era tão vantajosa como parecia naquele momento da venda. Isso acontece devido ao poder de persuasão que o vendedor exerceu sobre a sua decisão.

Veja outro exemplo de persuasão: você vai comprar um carro e o vendedor começa a descrever a potência do motor, o consumo de combustível e todas as especificações técnicas do carro, até que percebe que o carro é, de fato, muito bom, ou seja, você está convencido de que se trata de um bom negócio. Mesmo assim, ainda não sabe se compra ou não. Porém, ao descobrir que você tem filhos, o vendedor fala: "Esse carro é perfeito para viagens em família, além de confortável, é totalmente seguro, pois possui sete *airbags*, o bagageiro é grande, dá para levar os brinquedos e a bicicleta, garantindo a alegria das crianças e a diversão do passeio". Nesse momento, talvez você comece a ser tomado por uma emoção positiva imaginando a felicidade da sua família viajando no carro novo e curtindo as férias. Se você ainda revela que é dono de um restaurante e serviço de *buffet*, o vendedor diz: "Essa van também é perfeita para transportar alimentos em seus eventos". Além disso, você é convidado a fazer um *test drive* e, nesse momento, se apaixona pelo carro, com o conforto, com a potência que sente no carro. Esses momentos sensoriais descritos são parte de uma estratégia persuasiva, que atua na sua emoção.

Usar as palavras certas e positivas é uma estratégia essencial na persuasão. Nesse exemplo, as palavras família, confortável, seguro, alegria e diversão podem ser gatilhos mentais que ativam sentimentos positivos e geram motivação para a compra.

Na maioria das vezes, a emoção tem um impacto maior do que a razão na tomada de decisões. Geralmente nossas ações são baseadas mais nas nossas emoções do que no aspecto racional. Você pode convencer facilmente um fumante de que o cigarro faz mal à sua saúde, usando pesquisas e dados estatísticos (argumentos de convencimento) que comprovem que o cigarro causa câncer. Mesmo ele estando convencido, seguirá fumando. Porém ao ouvir que o cigarro causa impotência sexual (argumento persuasivo), talvez ele se preocupe e se sinta mais motivado a parar de fumar.

Seu filho pode ser convencido de que precisa estudar mais para passar no vestibular, mas segue jogando videogame o dia todo. Talvez você precise de persuasão para motivá-lo a estudar, fazendo algo que o sensibilize e o faça mudar de comportamento.

Muitas pessoas me perguntam qual é a melhor estratégia durante um processo de argumentação – a estratégia de convencimento ou a de persuasão. Minha resposta é que não existe melhor ou pior. A boa argumentação requer o domínio e utilização adequada de ambas as estratégias no momento certo e conforme o perfil do seu interlocutor. Se a pessoa for mais racional, provavelmente fará mais sentido focar mais no convencimento, se ela for mais "coração", sugiro colocar mais foco na persuasão (mas sem deixar de trazer argumentos lógicos).

Você se lembra do "Segredo dos 3Ps – Preparação, Preparação, Preparação" que comentei no início do livro? Para você desenvolver uma argumentação eficaz, a preparação também é fundamental.

Confira, a seguir, algumas estratégias para você se preparar e defender bem as suas ideias:

- Empatia: coloque-se no lugar do seu interlocutor e identifique o perfil dele: ele é mais racional ou emocional? O que ele busca, deseja ou precisa? O que ele mais valoriza? Quais são as suas crenças e valores? Quais os problemas que ele está enfrentando? Quais são expectativas dele?
- Ouça com interesse e atenção as ideias do outro. É por meio da escuta atenta e empática que descobrirá os reais interesses e necessidades do seu ouvinte, e com isso poderá construir argumentos que façam sentido a ele.
- Antecipe os contrapontos. Imagine quais serão as objeções, faça uma lista de todos os argumentos que imagina que ele poderá trazer oferecendo resistência às suas ideias. E para cada objeção, desenvolva seus argumentos. Por exemplo, se eu quero convencer meu pai a fazer exercícios físicos, certamente ele dirá: não gosto de academia. Nesse momento, eu falaria: eu conheço ótimos professores que atendem em domicílio, nem precisa sair de casa.
- Use as palavras certas. Procure usar palavras de impacto e um vocabulário assertivo. Evite expressões como "eu acho", "vou tentar explicar", "é mais ou menos assim", pois transmitirão insegurança. Prefira "eu acredito que", "eu

penso que", "na minha opinião", "sem sombra de dúvidas", "certamente", "tenho convicção de que". Como exposto no capítulo 11, lembre-se de que as palavras têm o poder de valorizar ou desvalorizar suas ideias, dependendo de como são usadas.

- Apresente evidências: para cada argumento, procure trazer uma evidência, algo que reforce, embase, comprove, corrobore o seu ponto de vista.

Quanto mais evidências usar, mais chances terá de convencer ou persuadir seu interlocutor.

Veja alguns exemplos de evidências que você pode usar para reforçar as suas ideias.

Convencimento	Persuasão
• Leis	• Histórias (*storytelling*)
• Normas	• Fatos marcantes
• Regras	• *Cases* de sucesso
• Pesquisas (cite a fonte)	• Depoimentos
• Dados estatísticos	• Benefícios e vantagens
• Resultados	• Exemplos
• Comprovações	• Fotos, vídeos

- Fale numa linguagem que todos compreendam, de forma clara e objetiva.
- Seja honesto e verdadeiro. Caso contrário, sua argumentação se transformará em manipulação e você perderá a sua credibilidade.
- Fale olhando no olho, com uma postura corporal ereta e gesticulando adequadamente.
- Procure respirar e falar pausadamente. Se falar muito rápido, poderá demonstrar ansiedade, além de prejudicar o entendimento da mensagem.
- Controle seu tom de voz. Geralmente quando estamos empolgados

com o assunto, temos a tendência de aumentar o tom e o volume da nossa voz, o que pode passar a impressão, muitas vezes, de que estamos estressados, gritando. Não eleve seu tom de voz, melhore seus argumentos.

Por fim, para obter aquilo que deseja, mas de modo colaborativo e construtivo, é preciso traduzir as suas ideias dentro da "verdade" do outro. Saber dosar razão e emoção no seu discurso. Falar com empatia, calma e segurança fará com que você obtenha mais sucesso ao argumentar.

CAPÍTULO 13
APERFEIÇOE A SUA ORATÓRIA

13

APERFEIÇOE A SUA ORATÓRIA

> Quando é verdadeira, quando nasce da necessidade de dizer, a voz humana não encontra quem a detenha. Se lhe negam a boca, ela fala pelas mãos, ou pelos olhos, ou pelos poros, ou por onde for. Porque todos, todos, temos algo a dizer aos outros, alguma coisa, alguma palavra que merece ser celebrada ou perdoada pelos demais.
> (GALEANO, 2002)

Certamente você deve se lembrar de algum professor cuja aula era chata, monótona, que dava sono e não prendia a sua atenção. Provavelmente já assistiu a apresentações extensas e cansativas, ou ficou contando os segundos para aquela palestra enfadonha terminar. Ouso dizer que, para esse professor ou palestrante, sobra-lhe conhecimento e domínio do assunto, mas falta-lhe expressividade, uma boa oratória.

Warren Buffet, um dos maiores investidores do mercado de capitais, afirma que "a boa capacidade de comunicação em público aumenta o seu valor de capital humano em 50%", ou seja, você se torna mais valioso para o mercado quando se expressa bem. Você valoriza mais as suas ideias quando as apresenta com fluência e expressividade.

Qual a diferença entre receber um presente numa embalagem simples e amassada e receber o mesmo presente num belo e impecável pacote? Imagine que suas palavras e ideias são um presente que você oferece às pessoas o tempo todo quando fala. Como você pode empacotar esse presente numa linda embalagem para oferecer ao seu interlocutor ou à sua plateia? A resposta é: aprimorando a sua oratória.

A partir de agora, vou ajudá-lo a melhorar a sua expressividade e desenvolver sua *performance* comunicativa, para que demonstre segurança e credibilidade e encante seus ouvintes. Está pronto para isso?

O primeiro passo para desenvolver e aperfeiçoar a sua oratória é a autoavaliação. Identifique quais são as principais qualidades da sua comunicação e os pontos que necessitam de melhoria. No capítulo 7, você foi convidado a preencher a RODA DA COMUNICAÇÃO, lembra?

Agora convido você a gravar um vídeo (com 2 a 3 minutos de duração) como se estivesse se apresentando ou apresentando a sua empresa, o seu negócio, para um grupo de pessoas desconhecidas. Procure gravar em pé, com as mãos soltas para poder gesticular livremente, olhando para a câmera como se estivesse conversando com o seu público. Seja natural e espontâneo, nada de decorar um texto.

Depois assista ao seu vídeo e avalie sua *performance* comunicativa numa escala de 1 a 10, observando os seguintes aspectos (ferramentas de comunicação):

- ☐ Voz
- ☐ Dicção
- ☐ Velocidade de fala
- ☐ Uso de pausas
- ☐ Respiração
- ☐ Linguagem corporal

☐ Clareza e objetividade
☐ Vocabulário

Recursos como o tom de voz que usamos, os gestos, a escolha das palavras, as pausas, a velocidade e o ritmo da fala, a dicção, entre outros aspectos, são ferramentas poderosas quando usadas adequadamente, e é com base nelas que construímos a nossa IMAGEM COMUNICATIVA. A imagem comunicativa é a impressão que transmitimos aos nossos ouvintes ao falar.

Pela maneira como se expressa, sua imagem comunicativa pode ser positiva, demonstrando boas impressões como, por exemplo, segurança, simpatia, credibilidade, entusiasmo, ou negativas, pela transmissão de impressões negativas, como insegurança, cansaço, monotonia, mau humor, pressa, desinteresse etc. Assista ao seu vídeo novamente e analise as impressões que transmitiu.

Assinale, a seguir, as principais características que observa em você:

☐ Gentileza   ☐ Arrogância
☐ Educação   ☐ Impaciência
☐ Paciência   ☐ Insegurança
☐ Interesse   ☐ Nervosismo
☐ Atenção   ☐ Mau humor
☐ Simpatia   ☐ Falta de educação
☐ Calma   ☐ Timidez
☐ Alegria   ☐ Ironia
☐ Entusiasmo   ☐ Deboche
☐ Tranquilidade   ☐ Pressa

COMUNICAÇÃO ASSERTIVA

- ☐ Segurança
- ☐ Equilíbrio emocional
- ☐ Credibilidade
- ☐ Disponibilidade
- ☐ Profissionalismo
- ☐ Confiança
- ☐ Proatividade
- ☐ Dinamismo
- ☐ Expressividade

Outra: _____

- ☐ Raiva
- ☐ Cansaço
- ☐ Apatia
- ☐ Excesso de informalidade
- ☐ Excesso de formalidade
- ☐ Preguiça
- ☐ Intolerância
- ☐ Descontrole emocional
- ☐ Ansiedade

Outra: _____

Agora, observe novamente essa lista e sublinhe as impressões que você acha que transmite para os outros quando fala.

Existe uma diferença entra nossa autoimagem e a imagem que as pessoas percebem de nós. Muitas vezes você pode estar inseguro falando em público e as pessoas não estarem notando a sua insegurança. Outras vezes, está tão nervoso que não tem a menor consciência de como está falando. Essa discrepância entre a autopercepção e a percepção dos outros pode ser chamada de dissonância cognitiva.

Para que você tenha mais clareza da sua imagem comunicativa, além de fazer a autoavaliação assistindo a um vídeo seu gravado, envie essa lista às pessoas que confia e que são sinceras e peça que preencham de acordo com a percepção delas sobre você e a sua comunicação.

Após realizar a autoavaliação identificando seus pontos fortes e fracos (pontos de melhoria) e descobrir como está a sua imagem comunicativa, o próximo passo é ter consciência das ferramentas, estratégias e técnicas de comunicação, aprendendo a usá-las com maestria.

A seguir, falaremos das principais ferramentas de comunicação.

Linguagem corporal

Você já ouviu a clássica frase "uma imagem vale mais do que mil palavras"? Essa frase nos faz lembrar que o corpo fala o tempo todo e diz mais do que aquilo que expressamos diretamente por meio das palavras. Assim como o tom de voz, a linguagem corporal contextualiza emocionalmente o que está sendo dito ou não dito, tendo um grande impacto na interpretação da mensagem. Desde a nossa postura, o olhar, as expressões faciais, os gestos, a posição das pernas e dos pés, os movimentos do nosso corpo, até nossa aparência, tudo comunica e transmite mensagens o tempo todo. Mesmo que não estejamos falando nenhuma palavra, mesmo no silêncio, nosso corpo está falando por nós e às vezes ele diz coisas que não gostaríamos de expressar aos outros. O corpo é sincero, não disfarça. Por isso precisamos ter consciência e cuidado com essa "sinceridade" e transparência da linguagem corporal.

Você já deu um presente para alguém e percebeu que a pessoa não gostou apenas pela expressão facial dela? Mesmo ouvindo o comentário "que lindo, obrigada", estava "na cara" que ela não gostou. Tentamos disfarçar sentimentos que muitas vezes transparecem numa reação corporal instintiva e automática que nem percebemos, mas nosso interlocutor percebe.

Toda a vez que há alguma incongruência entre as palavras ditas e a linguagem corporal, automaticamente acreditamos na linguagem corporal, desconsiderando a mensagem falada.

Fazemos julgamentos intuitivos rápidos e criamos impressões com base na observação consciente ou inconsciente da linguagem corporal. Em poucos segundos, julgamos e somos julgados, influenciamos e somos influenciados pelos comportamentos não verbais. Esse é o poder da linguagem corporal. Podemos influenciar profundamente a forma como somos percebidos ao usar adequadamente e de maneira consciente o nosso corpo.

Uma pesquisa clássica sobre o impacto da linguagem corporal nos ouvintes, realizada por Albert Mehrabian, da Universidade de Califórnia, constatou que 55% do impacto da comunicação vem do corpo, 38% pela voz e 7% por meio das palavras. Ou seja, a linguagem não verbal tem mais impacto do que a linguagem verbal no ouvinte. Sabe por quê? Porque a linguagem não verbal é a expressão mais primitiva e instintiva do ser humano.

Durante o primeiro ano de vida, o bebê se expressa pela voz e pelo corpo. A mãe reconhece o choro de cólica do seu bebê, por exemplo, pelo tom mais estridente do choro e pelos movimentos corporais. As palavras (linguagem verbal) surgem geralmente por volta de 1 ano de idade. Até então, a comunicação se dá pela linguagem não verbal. Por isso ela é tão instintiva.

Somos ótimos leitores da linguagem corporal do outro, mas nem sempre temos a mesma habilidade quando se trata de percebermos esse recurso em nós. Tenho certeza de que você já percebeu, durante uma reunião, um colega que estava desinteressado, uma pessoa que estava impaciente ou alguém inseguro ao falar, por conta da postura e expressão corporal. Sentimos que uma pessoa está resistente ou contrariada durante uma conversa quando está de braços cruzados. Percebemos timidez quando alguém fala sem olhar nos nossos olhos, ou arrogância em quem fala com o queixo elevado e as mãos na cintura. A postura, os gestos, o olhar, a movimentação, as expressões faciais são sinais que nosso cérebro capta em poucos segundos e interpreta, criando impressões ou conclusões que podem ou não ser verdadeiras. Talvez aquela pessoa de braços cruzados esteja apenas com frio, por exemplo. Por isso fique atento e tenha cautela ao julgar as pessoas pela aparência e pela sua linguagem corporal; como diz o ditado, "as aparências enganam". Agora, se você deseja falar bem e transmitir uma impressão positiva aos ouvintes, é fundamental que você tenha consciência e domínio da sua linguagem corporal.

Se já gravou o vídeo anteriormente, assista-o agora e avalie atentamente a sua linguagem corporal, dando uma nota de 1 a 10 para cada um desses aspectos:

- ☐ Postura corporal
- ☐ Posição dos ombros
- ☐ Posição das pernas
- ☐ Gestos
- ☐ Movimentação corporal
- ☐ Olhar
- ☐ Expressão facial
- ☐ Aparência

Após analisar todos esses elementos corporais, perceba se algo o incomoda quando você se vê falando.

COMUNICAÇÃO ASSERTIVA

Existem inúmeras posturas e atitudes que são consideradas barreiras corporais, pois transmitem impressões negativas, interferindo e prejudicando a comunicação. Veja alguns exemplos: falta de contato visual, ombros caídos, braços cruzados, gestos exagerados, queixo muito elevado, postura desabada na cadeira, aperto de mão muito fraco (mão mole) ou muito forte (mão esmagadora), pernas inquietas, expressão facial muito tensa, aproximação excessiva, ausência de gestos, apertar ou esfregar as mãos, mexer muito no cabelo, estalar os dedos, mexer na roupa ou acessórios, brincar com o anel, balançar a caneta, enfim, a lista é grande, mas com esses exemplos você já tem condições de olhar para a sua linguagem corporal com mais precisão e consciência e identificar o que pode estar prejudicando a sua imagem e a sua comunicação.

Convido você agora a tentar identificar as impressões transmitidas por algumas dessas barreiras corporais, relacionando abaixo a primeira coluna com a segunda:

Barreiras corporais	Impressões
1. Falta de contato visual.	☐ Superioridade, arrogância.
2. Ombros curvados.	☐ Excesso de poder, força.
3. Queixo muito elevado.	☐ Ansiedade, nervosismo.
4. Aperto de mão muito forte.	☐ Timidez ou pessoa não confiável.
5. Postura desabada na cadeira.	☐ Impaciência, irritação.
6. Braços cruzados.	☐ Insegurança, submissão.
7. Suspirar.	☐ Resistência, incômodo, falta de flexibilidade.
8. Estalar os dedos ou esfregar as mãos.	☐ Desleixo, falta de profissionalismo.

Confira agora as respostas do quadro: 3, 4, 8, 1, 7, 6, 2, 5.

Você percebeu que determinadas posturas, atitudes e suas respectivas impressões são quase como convenções na nossa sociedade? Ouso dizer que essas posturas são estereótipos que muitas vezes nos levam a conclusões erradas ou precipitadas dos outros. Se você costuma levar ao pé da letra essa leitura corporal para deduzir o que seu interlocutor está pensando ou sentido, saiba que pode estar errado, pois as coisas nem sempre são como parecem ser. Porém perceber e reconhecer as barreiras corporais e seus impactos negativos é fundamental para conseguir evitá-las quando estiver se comunicando.

O problema é que, geralmente, no momento que estamos falando, colocamos toda a nossa atenção e consciência no conteúdo, nas palavras, na mensagem e acabamos esquecendo de prestar atenção na forma como estamos transmitindo a mensagem, na linguagem não verbal. É fundamental que haja coerência e sintonia entre corpo, voz e palavras para transmitir confiabilidade aos ouvintes. Se quer demonstrar simpatia, não basta dizer um "bom dia", precisa sorrir também. Se quer demonstrar credibilidade e conhecimento, não basta apresentar bons argumentos, precisa falar com uma voz segura, olhar confiante, postura firme e gestos soltos acompanhando as palavras. Se quiser engajar sua equipe, as pessoas precisam sentir energia pela entonação da sua voz e ver o brilho no seu olhar. Se quer que as pessoas prestem atenção em você, olhe nos olhos delas ao falar. Precisamos ser como maestros regendo a música, sabendo a hora e a maneira certa de tocar cada instrumento para garantir uma melodia agradável e impactante.

Existem muitos livros e pesquisas conduzidas por grandes estudiosos e especialistas em linguagem corporal e inteligência não verbal que podem auxiliá-lo. Caso queira mergulhar a fundo nesse assunto, sugiro os autores Joe Navarro e Paul Ekman. Joe Navarro é um autor americano, orador público e ex-agente do FBI. Navarro especializou-se na área da comunicação não verbal e é autor de inúmeros livros, incluindo *O que todo corpo fala, a inteligência não verbal, Dangerous Personalities, and Louder than Words*. Paul Ekman é um psicólogo americano que tem sido pioneiro no estudo das emoções e expressões faciais. Considerado um dos 100 psicólogos mais notáveis do século XX e uma das 100 pessoas mais influentes do mundo, segundo a revista Time, em 2009. Ekman é autor de diversos livros, entre eles *A linguagem das emoções* e *Emotions Revealed*. Seus estudos deram origem ao famoso seriado *Lie To Me*.

Neste capítulo, pretendo apresentar algumas dicas e estratégias básicas e essenciais para você controlar melhor sua linguagem corporal, transmitir impressões positivas, atrair e manter a atenção dos seus ouvintes:

- Olhe nos olhos. Manter o contato visual demonstra interesse e confiança.
- Mantenha a coluna ereta e ombros alinhados, para demonstrar mais segurança.
- Gesticule com naturalidade. Os gestos são importantes para reforçar as palavras e conferir ritmo e dinamismo à sua fala. Evite gestos exagerados, mãos tensas ou gestos repetitivos.
- Movimente-se harmoniosamente; se estiver falando em público, dê alguns passos, caminhe pelo palco.
- Mantenha a expressão facial neutra. Evite fazer "caras e bocas" ou demonstrar tensão no seu rosto, como franzir a testa ou apertar os lábios, por exemplo.

- Sorria. Lembre-se de que o sorriso pode abrir portas e desarmar resistências na comunicação. Se você transmite uma imagem de pessoa muito séria ou brava, procure sorrir mais, dê mais leveza à sua expressão facial.

Nos cursos de oratória, a maior dificuldade que as pessoas trazem é sobre como gesticular. Por não saberem o que fazer com as mãos, elas cruzam os braços, colocam as mãos no bolso ou deixam as mãos caídas para baixo ou atrás do corpo. Se essa é a sua dúvida também, a dica que vai ajudá-lo é usar a **posição neutra de mãos** (mãos em concha, dedos entrelaçados ou uma mão apoiada na outra, conforme as imagens abaixo).

Assim como a fala precisa de pausas, os gestos precisam da posição neutra de mãos para não ficarem exagerados ou distraírem a atenção do público. Algumas pessoas gostam de segurar uma caneta para sentirem-se mais seguras. Essa atitude serve apenas como "bengala" e muitas vezes atrapalha, pois além de ser desnecessária, você pode, sem querer, se distrair e ficar mexendo na caneta. Prefira a posição neutra de mãos, que será intercalada com os gestos.

E como gesticular adequadamente? Você já percebeu que determinadas palavras podem ser representadas e "ilustradas" com as mãos? Por exemplo, imagine-se falando essas frases a seguir e, nas palavras em negrito, você usará um gesto:

- **Ontem** eu pesquei três peixes enormes.
- Ontem **eu** pesquei três peixes enormes.
- Ontem eu pesquei **três** peixes enormes.
- Ontem eu pesquei três peixes **enormes**.

Esses são os **gestos indicativos** que ilustram as palavras, reforçando-as para os ouvintes. Eles geralmente estão presentes na nossa comunicação diária. Nós usamos os gestos indicativos até quando estamos conversando por telefone, mesmo que a pessoa não esteja nos vendo, pois é natural e ajuda a reforçar a mensagem. Ao explicar um trajeto, por exemplo, você provavelmente mostrará com a mão o caminho (dobre à direita, siga reto, faça um retorno etc.).

Se você tem dificuldade para gesticular ao falar em público, faça o seguinte exercício gravando-se em vídeo para depois assistir:

Fique em pé, mantenha os pés levemente afastados, a coluna ereta e imagine que vai começar a sua palestra. Coloque suas mãos em posição neutra (descrita acima) e leia em voz alta as frases abaixo, usando os gestos indicativos em cada palavra que está em negrito:

- Nós temos **duas** opções para negociar: a **primeira** está relacionada à data de entrega e, a **segunda**, é quanto ao valor do projeto.
- Cabe a **cada um** de nós pensarmos nisso.
- Cabe a cada um de **nós** pensarmos nisso.

- Cabe a cada um de nós pensarmos **nisso**.
- **Ou** você fica aqui **ou** ele sai agora.
- Ou **você** fica aqui e ele sai agora.
- Ou você **fica aqui** e ele sai agora.
- Ou você fica aqui e **ele** sai agora.
- Ou você fica aqui ou ele sai **agora**.
- Siga **até o final** do corredor e dobre à direita.
- Siga até o final do corredor e dobre à **direita**.
- Estamos **todos** aqui reunidos hoje...
- Estamos todos **aqui** reunidos hoje...
- Estamos todos aqui **reunidos** hoje...

Como foi? Assista ao vídeo e veja se conseguiu marcar as palavras usando os **gestos indicativos**. Talvez você não se sinta natural, e essa sensação faz parte do treinamento. À medida que for exercitando e colocando essas dicas no seu dia a dia, a naturalidade virá.

Lembre-se de que os gestos são importantes e devem estar presentes na sua comunicação, não somente em público, mas nas demais situações e diálogos, pois dão maior dinamismo e prendem a atenção dos ouvintes.

Você percebe que o nosso corpo reflete o que sentimos? Quando estamos tristes ou deprimidos, geralmente assumimos uma postura com os ombros mais caídos ou a cabeça inclinada para baixo. Quando estamos felizes comemorando alguma vitória, erguemos os braços para cima.

Sabemos que os sentimentos têm impacto direto na linguagem corporal, isso não é nenhuma novidade. Porém um interessante estudo conduzido pela psicóloga social Amy Cuddy e apresentado na palestra TED Edinburgh, Escócia, em junho de 2012, mostrou que nosso corpo também pode influenciar nosso estado emocional. Amy constatou que a atitude de adotar uma "postura de poder", mesmo se sentido inseguro, durante 2 minutos, altera os níveis cerebrais de testosterona e cortisol, gerando mais confiança e aumentando as suas chances de sucesso na comunicação.

Ou seja, podemos mudar o nosso estado mental assumindo posturas de poder, confiança e segurança - o que pode ser muito útil para aquelas pessoas que estão nervosas antes de uma entrevista ou para as que têm medo de falar em público, por exemplo. Se este é o seu caso, antes de iniciar a sua apresentação, experimente ir para um lugar reservado e coloque-se numa posição firme, postura ereta, olhando para frente e visualizando a sua apresentação sendo um sucesso.

A linguagem corporal influencia diretamente os nossos diálogos e a comunicação como um todo. Por isso, devemos ter extremo cuidado com o que falamos, como falamos, como agimos, como nos posicionamos diante das pessoas ao comunicar o que temos a dizer.

O conhecimento e o domínio da linguagem não verbal é algo impactante e transformador. Resultados impressionantes são gerados quando você reconhece isso e coloca esse recurso para trabalhar a seu favor.

VOZ

Quanto mais suave é a sua voz ao argumentar, mais você será respeitado. Grite, e a razão o abandonará completamente.
ZHANE CASTRO

A voz é uma das expressões mais fortes da nossa personalidade. Ela expressa nossas emoções e representa a nossa personalidade de maneira única, como se fosse uma "impressão digital sonora". Durante uma conversa por telefone ou numa mensagem de voz, percebemos se a pessoa está triste, alegre, entediada, irritada, insegura ou empolgada, pois os sentimentos transparecem claramente na voz. Por meio dela, geramos imagens positivas ou negativas que provocam diferentes reações no nosso ouvinte. Nossa voz tem o poder de acolher, incentivar, acalmar, motivar, mas por outro lado ela também pode afastar, magoar, agredir ou desanimar, dependendo do tom que você usa ao falar.

Existem três principais elementos na voz que você precisa aprender a controlar para ter uma comunicação assertiva: ênfase, entonação e volume.

Ênfase

A ênfase vocal é essencial na nossa comunicação, pois nos ajuda a transmitir confiança, segurança e credibilidade ao falarmos. Ela é o "negrito sonoro" da voz, sua função é destacar as palavras ou informações mais importantes, tornando a mensagem mais clara e auxiliando a sua compreensão. Para enfatizar as palavras relevantes, devemos pronunciá-las com mais força e clareza para que tenham mais destaque. Veja no exemplo a seguir. Leia as frases abaixo enfatizando as palavras que estão em negrito:

- Precisamos diminuir **ao máximo** os gastos.
- Precisamos diminuir ao máximo **os gastos.**
- Eu tenho **certeza** disso.
- **Eu** tenho certeza disso.

Percebeu como é possível destacar informações diferentes em cada frase e até mesmo mudar o sentido da frase, dependendo da ênfase utilizada?

As pessoas que usam ênfase quando falam, costumam transmitir maior credibilidade e segurança. Pessoas mais tímidas ou inseguras geralmente não usam esse recurso, por isso, muitas vezes, enfrentam dificuldades para convencer ou para vender bem as suas ideias. Um cuidado que se deve ter, porém, é o de não exagerar na ênfase, para não transmitir a impressão de imposição.

Se você deseja falar com uma voz mais firme, segura e confiante, exercite a ênfase vocal. Uma das melhores formas de treinar a ênfase é lendo em voz alta. Selecione um texto e grife as palavras e informações mais importantes. Durante a leitura, pronuncie claramente e com mais força as palavras destacadas.

Treine a ênfase nas frases abaixo:

- Na **primeira** reunião não conseguimos nada.
- Na primeira reunião não conseguimos **nada**.
- **Uma** parte ficou comigo; outra parte foi vendida.
- Uma parte ficou **comigo**; outra parte foi vendida.
- É **gratificante** ver o seu crescimento.
- É gratificante ver o **seu** crescimento.
- Fique **tranquilo**, tudo será resolvido ainda hoje.
- Fique tranquilo, tudo será resolvido **ainda hoje**.
- Vamos reduzir **ao máximo** os gastos.
- Vamos reduzir ao máximo os **gastos**.
- **Este** assunto é muito importante.
- Este assunto é **muito importante**.

- É preciso **muita calma** para aprender.
- É preciso muita calma para **aprender.**

Se você quer aprender a falar com mais segurança, pratique esse exercício diariamente. Antes de falar em público, o exercício irá ajudá-lo a usar uma voz firme e confiante no seu discurso.

Entonação
A entonação está relacionada à melodia da voz e está intimamente ligada aos nossos sentimentos. Quando estamos nos sentindo tristes, cansados ou entediados, por exemplo, a voz tende a ficar com pouca variação da entonação, o que chamamos de voz monótona. Por outro lado, quando estamos alegres ou entusiasmados, usamos maior variação melódica na voz e a tendência é falar com um tom mais agudo. Além de transmitir as nossas emoções, ela também gera emoções e reações nos nossos ouvintes, dependendo do tom que foi falado. Você, sem querer, pode magoar uma pessoa pela entonação usada numa conversa. Mesmo que você pense antes de falar e use as palavras certas, sua voz pode pôr tudo a perder se você não souber controlá-la. Já ouvi muitas vezes: "Não foi o que ele disse que me magoou, mas o jeito que ele falou". Podemos, sem perceber, dar um tom irônico, sarcástico ou debochado às palavras, e o seu ouvinte sentirá e reagirá imediatamente a isso. Por outro lado, podemos contagiar positivamente as pessoas ao transmitirmos uma informação com entusiasmo e energia na voz, por exemplo.

Para tornar a fala agradável e mais interessante ao ouvinte, a entonação da voz deve ser variada. Imagino que você já deva ter assistido a uma aula cansativa, na qual era difícil prestar atenção na explicação do professor, pois sua voz era monótona e dava sono. Também tenho certeza de que já assistiu a palestras ou apresentações que prenderam completamente a sua atenção, o que provavelmente se deve, dentre outros fatores, ao tom de voz usado pelo palestrante.

Se você trabalha falando muito ao telefone ou se realiza muitas reuniões via teleconferências, falar com melodia na voz é crucial para que as pessoas mantenham a atenção ao que você fala. Do contrário, em poucos minutos, o seu ouvinte poderá se distrair ou até mesmo "dar um cochilo". Eu costumo ministrar cursos para *Call Centers*, e um dos maiores desafios é trocar a voz monótona e "robotizada" dos atendentes pelo "sorriso na voz" (falar com mais melodia) e mais naturalidade na fala.

Além de ser um recurso essencial para atrair e manter a atenção das pessoas, entonação também é útil para diferenciar frases afirmativas de interrogativas, como nos exemplos a seguir.

Leia em voz alta e perceba a entonação da voz no final de cada frase:

- Ele é muito inteligente.
- Ele é muito inteligente?
- Você está atrasado.
- Você está atrasado?

Notou que a voz fica mais aguda (fina) no final das frases interrogativas e mais grave quando usou um ponto final?

Sugiro que você ouça as mensagens de voz que manda pelo telefone ou grave-se falando durante uma conversa; depois, ouça atentamente, procurando identificar a emoção que sua voz transmitiu.

Se deseja falar com mais energia e demonstrar mais dinamismo, ler poesias em voz alta é um bom exercício para você treinar a variação melódica.

Volume
O volume da voz (também chamado de intensidade) é outro poderoso recurso que você precisa dominar. Ele pode ser alto, baixo ou moderado, dependendo da situação ou da sua emoção. Temos a tendência a falar alto quando estamos irritados ou empolgados, por exemplo. Porém muitas pessoas falam alto o tempo todo (por uma questão de hábito), o que pode ser percebido como agressividade pelos ouvintes, gerando muitos atritos na comunicação. Por outro lado, as pessoas que falam com volume de voz muito baixo podem passar a impressão de insegurança ou timidez, e têm mais dificuldade para manter a atenção das pessoas, vender as suas ideias e convencer seus ouvintes.

Variar o volume da voz é uma estratégia utilizada por muitos professores e palestrantes. Dar um tom de segredo baixando o volume em um determinado momento deixa a plateia curiosa e atenta; falar mais alto em certas partes do discurso pode ajudar a transmitir motivação e empolgação para o seu público.

Aqui quero destacar um cuidado fundamental que deve ter com a maneira como se expressa quando está com raiva ou indignado: lembre-se de que aumentar o volume da sua voz não aumenta a validade dos seus argumentos; pelo contrário, cria uma barreira e gera resistência no seu interlocutor.

Se você costuma falar muito alto e não consegue controlar o volume de sua voz, reflita sobre o texto a seguir, de autoria desconhecida, mas muito verdadeiro:

A carroça vazia

Certa manhã, meu pai, muito sábio, convidou-me a dar um passeio no bosque e eu aceitei com prazer. Ele se deteve numa clareira e, depois de um pequeno silêncio, me perguntou:

— Além do cantar dos pássaros, você está ouvindo mais alguma coisa?

Apurei os ouvidos alguns segundos e respondi: — Estou ouvindo um barulho de carroça.

— Isso mesmo, disse meu pai. É uma carroça vazia...

Perguntei ao meu pai: — Como pode saber que a carroça está vazia, se ainda não a vimos?

Respondeu meu pai: — Ora, é muito fácil saber que uma carroça está vazia por causa do barulho. Quanto mais vazia a carroça, maior é o barulho que ela faz.

Tornei-me adulto e, até hoje, quando vejo uma pessoa falando demais, gritando (no sentido de intimidar), tratando o próximo com grossura inoportuna, prepotente, interrompendo a conversa de todo mundo e querendo demonstrar que é a dona da razão e da verdade absoluta, tenho a impressão de ouvir a voz do meu pai dizendo: 'Quanto mais vazia a carroça, mais barulho ela faz.'"

Parafraseando Desmond Tutu, arcebispo da Igreja Anglicana consagrado com o Prêmio Nobel da Paz, em 1984, por sua luta contra o Apartheid na África do Sul, "não aumente sua voz, melhore seus argumentos".

Sendo a voz um dos principais recursos da comunicação, é de extrema importância que tenha consciência e controle sobre ela. Falar com uma voz firme, clara, segura, agradável, vibrante e convincente ajudará você a manter a atenção do ouvinte e aumentará o seu poder de influência e persuasão.

Dicção e velocidade da fala

Falar pausadamente, com dicção clara, articulando bem cada palavra, é fundamental na comunicação, pois além de transmitir segurança de quem fala, contribui também para o perfeito entendimento da mensagem. Por pressa ou nervosismo, muitas pessoas acabam falando rápido, sem pronunciar claramente as palavras, gerando uma impressão negativa e dificultando o entendimento do que é dito. Percebo isso quando as pessoas precisam falar em público, por exemplo. Como o desconforto é grande, elas acabam falando rápido demais, para terminar logo e dar fim ao "sofrimento".

A velocidade da fala está intimamente relacionada à personalidade e ao ritmo de vida. Pessoas mais ansiosas ou aquelas mais dinâmicas e aceleradas no dia a dia tendem a falar mais rápido. Às vezes, quando estamos empolgados e temos muitas ideias passando rapidamente na nossa mente, tentamos acompanhar a velocidade do pensamento acelerando a velocidade da fala, e acabamos atropelando as palavras, comprometendo a inteligibilidade e demonstrando ansiedade, pressa e nervosismo aos ouvintes. Por outro lado, pessoas mais calmas costumam falar mais pausadamente, transmitindo a impressão de autocontrole e tranquilidade.

Se você percebe que costuma falar rápido ou não articula bem as palavras, alguns exercícios podem auxiliá-lo:

1. Leia textos em voz alta, mexendo exageradamente a boca, para estimular a articulação clara dos sons;

2. Leia "trava-línguas" pausadamente. Os trava-línguas são frases – algumas em forma de rimas ou prosas, difíceis de serem

pronunciadas, devido à combinação de letras e sons, como nos exemplos abaixo. Leia os trava-línguas em voz alta, pronunciando clara e lentamente cada sílaba:

- O tapibaquígrafo foi tapibaquigrafado pelo tapibaquigrafista na tapibaquigrafolândia.
- O desinquivincavacador das caravelarias desinquivincavacariam as cavidades que deveriam ser desinquivincavacadas.
- O tassalográfico está para o tassalômetro assim como o termobarômetro está para o termomagnetismo.
- Esta casa está ladrilhada, quem a desenladrilhará?
- O desenladrilhador. O desenladrilhador que a desenladrilhar, bom desenladrilhador será!
- Um ninho de mafagafos tinha seis mafagafinhos. Tinha também magaçafas, maçafagas, magafinhos, isso além dos magafafos e dos magafagafinhos.
- Disseram que na minha rua tem paralelepípedo feito de paralelogramos. Seis paralelogramos tem um paralelepípedo. Mil paralelepípedos têm uma paralelepipedovia. Uma paralelepípedovia tem mil paralelogramos. Então uma paralelepípedovia é uma paralelogramolândia?

Outro exercício bastante eficaz para estimular a clareza e melhorar a pronúncia das palavras é a repetição desta sequência de sílabas, também em voz alta:

- PRATRAKRA PRATRAKRA PRATRAKRA
- PRÉTRÉKRÉ PRÉTRÉKRÉ PRÉTRÉKRÉ
- PRÊTRÊKRÊ PRÊTRÊKRÊ PRÊTRÊKRÊ

- PRITRIKRI PRITRIKRI PRITRIKRI
- PRÓTRÓKRÓ PRÓTRÓKRÓ PRÓTRÓKRÓ
- PRÔTRÔKRÔ PRÔTRÔKRÔ PRÔTRÔKRÔ
- PRUTRUKRU PRUTRUKRU PRUTRUKRU
- BRADRAGRA BRADRAGRA BRADRAGRA
- BRÉDRÉGRÉ BRÉDRÉGRÉ BRÉDRÉGRÉ
- BRIDRIGRI BRIDRIGRI BRIDRIGRI
- BRÓDRÓGRÓ BRÓDRÓGRÓ BRÓDRÓGRÓ
- BRUDRUGRU BRUDRUGRU BRUDRUGRU

Repita essas sequências várias vezes, certificando-se de que todas as sílabas estão sendo pronunciadas, principalmente os "erres".

Existem alterações na dicção decorrentes de problemas musculares (como, por exemplo, hipotonia na língua – uma fraqueza muscular), em que a pronúncia de alguns fonemas fica distorcida, gerando um ruído na fala. Outra alteração comum é popularmente conhecida como "língua presa" (freio lingual curto), na qual a pessoa não consegue pronunciar adequadamente o som do /r/. Nesses casos, é importante consultar um fonoaudiólogo, pois ele é o profissional capacitado para auxiliá-lo com essas dificuldades e ajudá-lo a melhorar a sua dicção.

Pausas

Outro recurso essencial para uma boa comunicação é o uso das pausas. Quando usadas de maneira adequada, elas geram um impacto positivo na sua comunicação. A pausa demonstra autocontrole, permite raciocinar e organizar melhor as ideias, respirar de maneira tranquila, além de auxiliar no controle dos vícios de linguagem.

O consultor americano Justin Bariso, especialista em Inteligência Emocional e autor do best-seller *IE aplicada, Guia para a inteligência emocional no mundo real*, criou um conceito chamado "regra do silêncio incômodo", após observar que muitos profissionais de destaque costumavam fazer longas pausas quando eram questionados, como Steve Jobs (fundador da Apple), Elon Musk (CEO da SpaceX e da Tesla, entre outras), Jeff Bezos (fundador da Amazon) e Tim Cook, (atual CEO da Apple). Essa regra consiste em: quando você é confrontado com alguma pergunta desafiadora, em vez de responder imediatamente, deve fazer uma pausa e pensar profundamente em como quer responder. Isso permite se colocar no lugar do outro, elaborar melhor a resposta, dizer o que você realmente quer dizer, manter a calma, sentir mais confiança, dar respostas mais profundas e calar o mundo exterior, exercitando o raciocínio. E por que é incômodo? Porque a pausa pode durar 10 segundos, 20 ou até mais tempo, deixando o interlocutor desconcertado, caso não esteja acostumado a esse tipo de interação. O autor considera essa regra uma ferramenta valiosa de inteligência emocional porque permite equilibrar raciocínio e emoção, em vez de reagir baseado apenas em sentimentos.

No entanto essa regra não se aplica a todas as situações. Há determinadas circunstâncias que demandam exatamente o oposto: respostas rápidas. Nesses casos, a pausa não deve ser tão longa; embora curta, ela deve existir. Quando não usamos pausas em certos momentos, corremos o risco de dar uma resposta inadequada, falar sem pensar e depois nos arrependemos.

Lembre-se de que falar rapidamente e sem pausas transmite a impressão de pressa e ansiedade, além de cansar o ouvinte e o próprio falante. A ausência de pausas na fala é como um texto escrito sem vírgula, ponto e novo parágrafo.

O ex-presidente norte-americano Barack Obama usa com muita maestria o recurso das pausas, gerando expectativa e mantendo a atenção dos ouvintes durante todo o seu discurso.

Perceba o efeito das pausas curtas (marcadas com /) na frase a seguir:

- Se o homem soubesse o valor que tem / a mulher andaria de quatro à sua procura.
- Se o homem soubesse o valor que tem a mulher / andaria de quatro à sua procura.

Você observou que uma pausa curta enfatiza a palavra que vem antes dela e, ao mudar o local da pausa, muda completamente o sentido da frase?

Agora imagine-se contando uma história com pausas. Leia em voz alta dando uma pausa mais longa na marcação //:

- Certa vez, eu estava caminhando pela rua quando de repente // eu olhei para o lado // e vi um enorme vulto se aproximando. Apurei o passo, meu coração começou a bater mais forte e, quando percebi o que era // saí correndo assustado...

Veja outro exemplo do efeito da pausa longa para gerar expectativa nos ouvintes:

- Nós estamos aqui para falar de um assunto de extrema relevância para todos // um assunto que transformará suas vidas a partir de agora.

Se você costuma sentir ansiedade ao falar, se percebe que falta fôlego no meio das frases, se usa vícios de linguagem (ãh, éh, né...)

ou se o seu ritmo de fala é acelerado, comece a treinar mais o uso das pausas. Grave-se falando, perceba quando as pausas acontecem e o efeito delas para você e para os ouvintes. No início, a pausa poderá parecer para você um "silêncio ensurdecedor", um tempo interminável, mas garanto que o seu ouvinte não terá a mesma percepção. À medida que for treinando a pausa e usando-a no dia a dia, ela se tornará mais natural e será uma grande aliada na sua comunicação. Tudo é uma questão de treino.

Respiração

Além de ser o principal "combustível" da voz, a respiração adequada ajuda a manter a tranquilidade e o autocontrole.

Talvez você já tenha sentido nervosismo ou ansiedade antes de falar em público, ou antes de uma entrevista ou uma conversa importante com seu chefe. Nesses momentos de maior ansiedade ou nervosismo, manter o controle respiratório ajudará você a se sentir mais tranquilo. Para tanto, é necessário manter um ritmo lento e profundo, nos momentos que antecedem a situação na qual irá se expor. Procure ter consciência sobre a respiração, perceba o ar entrando e saindo dos pulmões lentamente. Aos poucos, se sentirá cada vez melhor.

Sugiro que treine da seguinte forma:

Inspire lentamente pelo nariz (contando 3 segundos mentalmente) e expire lentamente pela boca (contando 5 segundos mentalmente). Aos poucos, pode aumentar esse tempo:

- Inspire (1 2 3) – expire (1 2 3 4 5)
- Inspire (1 2 3 4) – expire (1 2 3 4 5 6 7)

Lembre-se de fazer esse exercício toda vez que sentir ansiedade antes de dar uma palestra, ou antes de uma conversa difícil, por exemplo. Você perceberá que a ansiedade vai dando lugar para o autocontrole e a calma.

Sabemos que, enquanto estamos em silêncio, devemos respirar pelo nariz, que filtra, aquece e umidifica o ar. Mas ao falar, será que a respiração também deve ser feita pelo nariz? Não, ela deve ser mista, às vezes pela boca, às vezes pelo nariz. Ao respirar pela boca, entra maior quantidade de ar nos pulmões e de maneira mais rápida do que pelas narinas (cuja cavidade é bem menor).

Perceba como essa dinâmica acontece lendo as frases abaixo e, em cada sinal //, você fará uma rápida inspiração pela boca:

- // O prefeito falou com o repórter.
- // O prefeito falou com o repórter sobre a política econômica.
- // O prefeito falou com o repórter sobre a política econômica // e a situação da população de São José do Rio Preto.
- // O prefeito falou com o repórter sobre a política econômica // e a situação da população de São José do Rio Preto // ontem pela manhã no gabinete da prefeitura.

Devemos ir soltando o ar ao longo de toda a frase. Cuide para não deixar a sua respiração presa e soltar o ar só no final.

Muitas pessoas sentem esforço e cansaço vocal ou percebem a voz falhar depois de uma palestra, por exemplo. Isso pode acontecer pelo fato de não respirar corretamente. Nesses casos, um fonoaudiólogo também poderá ajudá-lo a aprender a respirar e usar a voz adequadamente.

CAPÍTULO 14
DICAS PARA FALAR BEM EM PÚBLICO

14

DICAS PARA FALAR BEM EM PÚBLICO

1. Treine seu discurso em voz alta

Fale na frente do espelho, grave e analise o seu desempenho. Treine muito e aprimore a sua forma de se comunicar. Lembre-se de que você se transforma naquilo que mais exercita.

2. Controle a respiração

Um dos sintomas mais evidentes de ansiedade e nervosismo é a respiração curta e ofegante. Nos minutos que antecedem um encontro com seu cliente ou com parceiros de trabalho, procure respirar lenta e profundamente, para manter a calma e controlar a ansiedade. Quando estiver falando, faça pausas breves para respirar, evitando a falta de fôlego.

3. Controle seus pensamentos, domine o medo e seus sabotadores internos

Evite pensamentos negativos, como "vai dar o branco", "vou gaguejar", "não vou falar bem", "minha voz é horrível", "nunca vou conseguir falar bem" etc. Centralize a sua atenção no conteúdo e na sua expressividade, para transmitir impressões positivas a seu respeito.

4. Faça perguntas

Não fale PARA o público, fale COM o público. A interação é fundamental para manter a atenção e o interesse das pessoas e as perguntas são a melhor forma de interação.

5. Fale com voz clara, agradável e segura

Conjuntamente com o corpo, a voz é uma das mais poderosas ferramentas de comunicação para conquistar e manter a atenção do ouvinte. Fale com uma voz firme e projetada, solte a voz com a respiração e abra a boca ao falar.

Leia, em voz alta, textos de jornais, revistas e poesias, para treinar a expressividade da sua voz. Leia em diferentes tons, grave e analise qual é a sua voz mais firme e segura.

6. Use melodia e ênfase na voz

Para valorizar o assunto e transmitir simpatia e naturalidade, module sua voz. Falar em tom mais agudo transmite alegria e entusiasmo, porém se a voz for muito fina pode passar infantilidade ou submissão.

Falar em tom médio-grave ajuda a transmitir seriedade e credibilidade, porém muito grave e em um volume baixo pode passar tristeza ou depressão.

7. Controle o volume da sua voz

Não fale nem muito alto nem muito baixo. Falar com volume baixo transmite impressão de timidez e insegurança, e muito alto transmite impressão de estresse ou falta de educação.

8. Fale com boa dicção

Abra a boca ao falar, articule claramente todos os sons das palavras, cuide dos "s" nos finais das palavras, dos plurais. Se não pronunciar corretamente os plurais, causará má impressão.

9. Controle a velocidade da sua fala e faça pausas

Procure falar devagar e fazer pausas. O uso de pausas é importante para respirar, formular e organizar o pensamento para o conteúdo que virá depois e para sentir as emoções causadas por sua fala no público.

Falar rápido, atropelando as palavras, gera a impressão de pressa, atrapalhação e nervosismo. Procure se autoavaliar para sentir qual é o ritmo de sua comunicação oral. Se estiver muito rápido, desacelere.

Em momentos de pressão e nervosismo, é comum o profissional falar rápido com o intuito de "livrar-se" rapidamente daquela situação.

10. Domine a sua linguagem corporal

O corpo também fala muito por nós. Gesticular demais ou de menos, não olhar no olho, ou manter-se numa postura curvada não causa uma boa impressão.

Cuide da sua postura, mantendo a coluna ereta. Mantenha sempre o contato visual com a outra pessoa. Olhar nos olhos das pessoas durante a conversa, ou da apresentação, ajuda a passar segurança e credibilidade em relação ao conteúdo transmitido.

Gesticule naturalmente, com as mãos na altura do tronco. Use a posição neutra e os gestos indicativos. Evite as barreiras corporais, como esfregar ou apertar as mãos, estalar os dedos, coçar o nariz ou mexer constantemente em roupas, acessórios ou cabelos etc.

11. Controle e evite os vícios de linguagem

O uso de palavras repetidas como, por exemplo, o "né", "tá", "certo", "ok", "tipo", gera a impressão de insegurança em relação ao conteúdo comunicado. Vigie sua fala e procure eliminá-las na hora da sua apresentação.

12. Evite o uso de gírias

Em palestras e apresentações profissionais, usar gírias poderá transmitir a impressão de imaturidade ou falta de profissionalismo e comprometer a sua credibilidade. Esse cuidado deverá ser redobrado quando o público for mais "sênior" e em situações mais formais.

13. Evite palavras rebuscadas ou de difícil compreensão

Além de dificultar a compreensão da sua mensagem, pode transmitir a impressão de que você é uma pessoa arrogante ou inacessível.

14. Evite o uso excessivo de palavras estrangeiras

Nem sempre as pessoas sabem falar outra língua ou estão habituadas com esses termos. Dependendo de quem é o seu público, isso pode gerar uma desconexão e incompreensão, porque as pessoas não entenderão os "estrangeirismos" e podem ficar constrangidas de perguntar.

15. Evite o uso excessivo de diminutivos

O uso de diminutivos pode transmitir uma imagem de infantilidade, imaturidade ou fragilidade, além de enfraquecer a força das suas ideias. Um exemplo clássico é começar uma palestra ou apresentação dizendo "Eu vim aqui falar um pouquinho sobre...".

Se o tempo for curto, troque por "eu vim aqui falar rapidamente, brevemente ou resumidamente..."

16. Evite expressões como "entenderam?"

Algumas expressões podem passar a impressão de que está menosprezando a inteligência de quem ouve. Por exemplo, falar com frequência "Vocês entenderam?", "Vocês estão conseguindo me entender?", "Você consegue acompanhar o meu raciocínio?" pode ter um efeito muito negativo no seu público. Em vez disso, procure usar algo como "Ficou claro?", "Alguma dúvida?", "Perguntas, dúvidas?", "Eu consegui me expressar de maneira clara?".

17. Seja claro, direto e objetivo

Fale numa linguagem acessível a todos, evite fazer rodeios, repetir frases ou entrar em detalhes desnecessários. Mantenha o foco na mensagem principal para não se perder ou usar linguagem prolixa.

18. Use exemplos e analogias

Uma das melhores formas de falar com clareza e se fazer entender é usar exemplos concretos (de preferência, exemplos que o público se identifique) e fazer analogias e comparações.

CAPÍTULO 15

A COMUNICAÇÃO A DISTÂNCIA: TELECONFERÊNCIAS, VIDEOCONFERÊNCIAS, WEBINÁRIOS E LIVES

15

A COMUNICAÇÃO A DISTÂNCIA: TELECONFERÊNCIAS, VIDEOCONFERÊNCIAS, WEBINÁRIOS E LIVES

A comunicação remota é uma necessidade para a maioria dos profissionais, um grande desafio e uma realidade que veio para ficar. Desenvolver uma comunicação eficaz a distância permite a interação e integração de todo o universo corporativo. Realizar reuniões *on-line* rápidas e produtivas, webinários ou videoconferências dinâmicas e interessantes hoje é essencial para atrair e manter a atenção dos participantes e garantir o engajamento de todos.

Para compensar a distância física existente no mundo virtual, é fundamental que se construa interatividade e uma naturalidade o mais próxima possível do diálogo presencial. Muitas vezes a comunicação, seja por teleconferência ou videoconferência, se torna um monólogo pouco eficiente.

Confira algumas estratégias para tornar a comunicação a distância mais eficaz:

- **LIGUE A CÂMERA!** O contato visual é essencial para manter o interesse e a atenção dos participantes.
- **FALE COM ÊNFASE E ENERGIA NA VOZ**, uma voz monótona não vai manter a atenção dos seus ouvintes; pelo contrário, gera desinteresse.

- Chame as pessoas pelo NOME, isso ajuda a manter a conexão e o interesse dos participantes.
- Fale com CLAREZA e OBJETIVIDADE. Use uma linguagem acessível aos ouvintes, dê exemplos, faça analogias e seja objetivo (evite falar demais e entrar em detalhes desnecessários). Prolongar-se demais torna a reunião cansativa e improdutiva.
- GESTICULE naturalmente, mantenha boa postura corporal, fale olhando para a câmera e cuide da sua imagem pessoal (mesmo que você esteja em casa, reuniões profissionais requerem atitudes profissionais, por isso evite roupas muito descontraídas).
- Fale com BOA DICÇÃO, para que todos entendam o conteúdo da sua fala. Nem sempre a qualidade do áudio é boa, por isso contrate uma boa banda larga e se esforce para falar com uma dicção bem clara e todos entenderão melhor a sua mensagem.
- OUÇA com interesse e atenção. Lembre-se de que comunicação é DIÁLOGO e não monólogo. Respeite o espaço de cada um, evite falar demais ou interromper as pessoas no meio da fala.
- Faça PERGUNTAS, promova INTERAÇÃO, demonstre interesse pelo outro e confirme seu entendimento sobre o que foi dito. A interação pode acontecer por voz (falada), pelo *chat*, por meio da linguagem corporal ("levanta a mão quem...", "dá um sinal positivo se está ouvindo bem...").
- Deixe o microfone no mudo e ligue apenas quando for falar, isso ajuda na qualidade do som e evita que ruídos e comentários desnecessários vazem para todos.

Por fim, algumas boas práticas que também o ajudarão a otimizar suas reuniões *on-line*:

1. Antecedência

Chegue no ambiente virtual com antecedência mínima de 15 minutos para testar o funcionamento dos equipamentos, áudio e vídeo.

2. Material de apoio

Tenha consigo material de apoio que possa agregar valor à sua participação (*slides*, planilhas, documentos, registros etc.).

3. Identificação

Lembre-se de se identificar antes de falar quando for um grupo maior de pessoas, a fim de facilitar a interatividade e o diálogo.

4. Presença

Evite levantar-se durante a realização da videoconferência passando na frente da câmera, deixando seu lugar vazio. Seria o mesmo que fazê-lo numa reunião presencial, sem dizer nada aos demais participantes.

5. *Delay*

É comum haver um pequeno *delay* (retardo, atraso) de cerca de 3 segundos na transmissão e recepção do sinal. É preciso paciência para se adaptar a essa limitação.

6. Naturalidade

Expresse-se de forma natural, olhando para a câmera, como se estivesse dialogando com alguém à sua frente.

7. Local apropriado

Procure um local iluminado e silencioso, evitando a interferência de barulhos ou a passagem de pessoas atrás da câmera, o que dispersa a atenção. Observe a aparência do local que a câmera vai capturar, que deve estar organizado. Prefira incidência de luz frontal.

A busca pela interação remota passa primeiramente por uma mudança cultural, em que todos são agentes essenciais para tal mudança.

CONSIDERAÇÕES FINAIS

CONSIDERAÇÕES FINAIS

Somos o que fazemos, mas somos, principalmente,
o que fazemos para mudar o que somos.
EDUARDO GALEANO

Se você chegou até aqui comigo é porque tem o desejo ou a necessidade de melhorar a sua comunicação.

A melhor forma de desenvolver a comunicação assertiva é saindo da zona de conforto, buscando o autoconhecimento, conhecendo as técnicas e estratégias, experimentando, treinando, praticando e aprimorando-se constantemente. Esse desenvolvimento é um processo desafiador, pois depende de muita consciência, força de vontade, autocontrole, esforço e muita dedicação. Mas lembre-se: o que não te desafia, não te transforma.

Quando estamos em processo de aprendizado, passamos por 4 etapas:

1. **Incompetência inconsciente:** nessa etapa não temos consciência de que não sabemos realizar algo.
2. **Incompetência consciente:** percebemos que não sabemos fazer algo, o que nos traz frustração ou desconforto, pois temos consciência da nossa limitação ou dificuldade.

3. Competência consciente: quando aprendemos uma nova habilidade, mas precisamos de atenção e concentração para realizá-la adequadamente.

4. Competência inconsciente: essa é a etapa da automatização e da maestria. Quando, após muita prática e repetição, a tarefa ou habilidade já foi interiorizada, e passamos a realizá-la de maneira automática e inconsciente.

Para atingir o nível de excelência (etapa 4), são necessários repetição, treino, prática e persistência. Explore a sua comunicação praticando as técnicas e estratégias no seu dia a dia. Cada diálogo, interação, apresentação, palestra ou reunião é uma oportunidade para você aplicar o que aprendeu e dominar a arte da comunicação assertiva. Deixe o perfeccionismo de lado e permita-se errar, corrigir e recomeçar.

Você descobrirá o poder de influência que existe dentro de você, sua força e autoconfiança. Perceberá a sensação de liberdade ao conseguir dizer o que pensa e sente, sem ofender o outro ou ficar refém dos seus pensamentos.

Desejo que a partir de agora você consiga estabelecer diálogos mais saudáveis e produtivos, resolver conflitos, vender melhor suas ideias, atrair o interesse e atenção dos seus interlocutores, engajar as pessoas nas ações necessárias e obter mais sucesso profissional e pessoal.

Dizem que é conversando que a gente se entende. Que você consiga em cada conversa derrubar as barreiras e construir pontes para uma verdadeira conexão com o outro, estabelecendo relacionamentos mais empáticos e verdadeiros para ter uma vida mais leve e feliz.

Feliz daquele que desistiu de mudar os outros,
e investiu seu tempo lapidando a si mesmo.
AUTOR DESCONHECIDO

REFERÊNCIAS BIBLIOGRÁFICAS

REFERÊNCIAS BIBLIOGRÁFICAS

ABREU, A. S. *A arte de argumentar: gerenciando razão e emoção.* São Paulo: Ateliê, 2012.

ANDERSON, Chris. *Ted Talks: o guia oficial do TED para falar em público.* Rio de Janeiro: Intrínseca, 2016.

ASSAD, Alessandra. *Liderança tóxica: você é um líder contagiante ou contagioso? Descubra o que a neuroliderança pode fazer por você.* Rio de Janeiro: Alta Books, 2017.

BARRIA, Cecilia. *O que é a regra do "silêncio incômodo", usada por grandes executivos como Jeff Bezos e Tim Cook.* Out. 2020. Disponível em: <https://www-bbc-com.cdn.ampproject.org/c/s/www.bbc.com/portuguese/geral-54359532.amp>. Acesso em: dez. de 2020.

BLUM, Bárbara. *Comunicação vira a habilidade mais valorizada por empregadores.* Disponível em: <https://www1.folha.uol.com.br/sobretudo/carreiras/2020/08/comunicacao-vira-a-habilidade-mais-valorizada-por-empregadores.shtml>. Acesso em: fev. de 2019.

BOHNS, Vanessa K. *Um pedido feito cara a cara é 34 vezes mais efetivo que por e-mail.* Disponível em: <http://hbrbr.uol.com.br/um-pedido-feito-cara-cara-e-34-vezes-mais-efetivo-que-por-e-mail/>. Acesso em: abr. de 2020.

BUSINESSOLVER. *State of workplace empathy de 2019*. Disponível em: <https://www.businessolver.com/resources/state-of-workplace-empathy>. Acesso em: abr. de 2020.

CAMPOS, Marina. *É possível?: cultive a vida em alta performance*. São Paulo: Literare Books, 2019.

CARNEGIE, Dale. *Training: as cinco habilidades essenciais do relacionamento – como se expressar, ouvir os outros e resolver conflitos*. São Paulo: Companhia Editora Nacional, 2011.

CASADO, T. *O indivíduo e o grupo: a chave do desenvolvimento*. In: FLEURY, M. T. L. (Org.) As Pessoas na Organização. São Paulo: Atlas, 2002. pp. 235-246.

CASTELLANOS, L. *La ciência del linguaje positivo: como nos cambian las palabras que elegimos*. 8.ed. Barcelona: Planeta, 2019.

CHAMINE, Shirzad. *Inteligência positiva: por que só 20% das equipes e dos indivíduos alcançam seu verdadeiro potencial e como você pode alcançar o seu*. Rio de Janeiro: Objetiva, 2013.

CHAPMAN, G & CAMPBELL, R. *As cinco linguagens do amor*. São Paulo: Mundo Cristão, 1999.

CIALDINI, Robert B. *As armas da persuasão: como influenciar e não se deixar influenciar*. Rio de Janeiro: Sextante, 2009.

DRUCKER, Peter Ferdinand. *O gestor eficaz*. Rio de Janeiro: LTC, 2011.

DUARTE, Nancy. *Apresentações convincentes*. Rio de Janeiro: Sextante, 2018.

EKMAN, Paul. *A linguagem das emoções*. São Paulo: Leya Brasil, 2011.

FERNANDES, Márcio. *Felicidade dá lucro.* 4. ed. São Paulo: Portfolio-Penguin, 2017.

FERNANDO, Álvaro. *Comunicação e persuasão: o poder do diálogo.* São Paulo: DVS Editora, 2016.

GALEANO, Eduardo. *O livro dos abraços.* Porto Alegre: L&PM Editores, 2002.

GALLO, Carmine. *Faça como Steve Jobs.* São Paulo: Lua de Papel, 2010.

GALLO, Carmine. *TED: falar, convencer, emocionar.* 12.ed. São Paulo: Benvirá, 2019.

GOLDSMITH, Marshall Goldsmith; REITER, Mark. *O efeito gatilho: como disparar as mudanças de comportamento que levam ao sucesso nos negócios e na vida.* São Paulo: Companhia Editora Nacional, 2017.

GOLEMAN, Daniel. *Foco: a atenção e seu papel fundamental para o sucesso.* 1. ed. Rio de Janeiro: Objetiva, 2013. 296 p.

GOLEMAN, Daniel. *O poder da inteligência emocional.* Rio de Janeiro: Campus/Elsevier, 2002. 319 p.

GORDON, Jon. *O poder da liderança positiva: como e por que os líderes positivos transformam equipes e organizações e mudam o mundo.* Rio de Janeiro: Alta Books, 2018.

HILL, Napoleon; Petry, Jacob. *As 16 leis do sucesso: o livro que mais influenciou líderes e empreendedores em todo o mundo.* 8.ed. São Paulo: Faro Editorial, 2017.

HUNTER, James C. *Como se tornar um líder servidor: os princípios de liderança de *"O monge e o executivo"*. Rio de Janeiro: Sextante, 2006.

IOWA NOW. *This is your brain on no self-control*. Disponível em: <http://now.uiowa.edu/2012/06/your-brain-no-self-control.>. Acesso em: 14 mai. de 2021.

KAHNEMAN, Daniel. *Rápido e devagar, duas formas de pensar*. 11.ed. Rio de Janeiro: Objetiva, 2016.

KYRILLOS, Leny; JUNG, Milton. *Comunicar para liderar*. São Paulo: Contexto, 2015.

KYRILLOS, Leny; SARDENBERG, Carlos Alberto. *Comunicação e liderança*. São Paulo: Contexto, 2019.

KRZNARIC, Roman. *O poder da empatia: a arte de se colocar no lugar do outro para transformar o mundo*. Rio de Janeiro: Zahar, 2014.

LEME, Rogerio. *Feedback para resultados na gestão por competências pela avaliação 360º*. Rio de Janeiro: Qualitymark, 2019.

LEONCIO, Phelipe; CUNHA, Pedro. *A comunicação como ferramenta de gestão de recurso humano em uma reestruturação corporativa*. Revista Boletim do Gerenciamento nº 16 (2020). Núcleo de Pesquisa em Planejamento e Gestão – NPPG – UFRJ - Centro de Tecnologia – Rio de Janeiro, Brasil. Jul.2020.

MANPOWERGROUP. *A revolução das competências 4.0.*, 2019. Disponível em: <https://www.manpowergroup.com.br/wps/wcm/connect/manpowergroup/f63c2523-6fc4-4b3a-a8a-1-76d4a416ae2b/MPG-BR-A-Revolucao-das-Competencias-40.pdf?MOD=AJPERES&CONVERT_TO=url&CACHEID=-

f63c2523-6fc4-4b3a-a8a1-76d4a416ae2b>. Acesso em: nov. de 2020.

MARTINS, Vera. *Seja assertivo: como conseguir mais autoconfiança e firmeza na sua vida profissional e pessoal.* Rio de Janeiro: Campus, 2005.

NAVARRO, Joe; POYNTER, Toni Sciarra. *A inteligência não verbal: os segredos de um agente do FBI para decifrar pessoas sem o uso de palavras.* Rio de Janeiro: Elsevier, 2010.

OLIVEIRA, Alkíndar. *O poder do diálogo.* São Paulo: Academia, 2011.

PATTERSON, K., GRENNY, J., MCMILLAN, R. SWITZLER, A. *Conversas decisivas: técnicas para argumentar, persuadir e assumir o controle nos momentos que definem sua carreira.* São Paulo: Lua de Papel, 2010.

PEREIRA, Ney. *Apresentações empresariais: além da oratória.* Rio de Janeiro: Elsevier, 2009.

PETRY, Jacob. *O óbvio que ignoramos.* São Paulo: Planeta, 2016.

PMI. The Essential Role of Communications. Mai.2013. *Pulse of the Profession.* Disponível em: <https://www.pmi.org/learning/thought-leadership/pulse/essential-role-communications.>. Acesso em: set. de 2019.

REIMAN, Tonya. *A arte da persuasão: potencialize sua comunicação com o domínio da linguagem corporal.* São Paulo: Lua de Papel, 2010.

ROSENBERG, Marshall B. *A linguagem da paz em um mundo de conflitos.* São Paulo: Palas Athena, 2019.

ROSENBERG, Marshall B. *Comunicação não-violenta.* 3.ed.São Paulo: Ágora, 2003.

SCOTT, Kim. *Empatia assertiva: como ser um líder incisivo sem perder a humanidade.* Rio de Janeiro: Alta Books, 2019.

SHINYASHIKI, Roberto. *O segredo das apresentações poderosas.* São Paulo: Gente, 2012.

SINEK, Simon. *Comece pelo porquê: como grandes líderes inspiram pessoas e equipes a agir.* Rio de Janeiro: Sextante, 2009.

SPATARO, Jared. *O futuro do trabalho*, jul.2020. Disponível em: <https://www.microsoft.com/en-us/microsoft-365/blog/2020/07/08/future-work-good-challenging-unknown/>. Acesso em: set. de 2020.

STONE, Douglas; PATTON, Bruce; HEEN, Sheila. *Conversas difíceis.* 10.ed. Rio de Janeiro: Elsevier, 2011.

URBAN, Hal. *Palavras positivas, mudanças significativas.* Rio de Janeiro: Sextante, 2007.

URY, William. *O poder do não positivo: como dizer não e chegar ainda ao sim.* Rio de Janeiro: Elsevier, 2007.

URY, William. *Supere o não: negociando com pessoas difíceis.* São Paulo: Best Seller, 2003.

VIEIRA, Paulo. *O poder da ação: faça sua vida ideal sair do papel.* São Paulo: Editora Gente, 2015, p.142.

WATZLAWICK, P.; BAVELAS, J.B. & JACKSON, D. *Teoría de la comunicación humana.* Madri: Herder, 2012.

WILLIAMS, Richard L. *Preciso saber se estou indo bem: uma história sobre a importância de dar e receber feedback.* Rio de Janeiro: Sextante, 2005.

XAVIER, Carlos M. *Comunicação é o principal problema em projetos.* Set. 2018. Disponível em: <https://beware.com.br/blog/comunicacao-principal-problema-em-projetos/>. Acesso em: fev. de 2019.